～本書を活用した大学入試対策～

☐ **志望校を決める(調べる・考える)**
入試日程，受験科目，出題範囲，レベルなどが決まるので，やるべきことが見えやすくなります。

☐ **「合格」までのスケジュールを決める**

基礎固め・苦手克服期 …受験勉強スタート～入試の 6 か月前頃

・教科書レベルの問題を解けるようにします。

・苦手分野をなくしましょう。

→ 英文の構造理解に不安な人は，
『大学入試 ステップアップ 英語重要構文【基礎】』に取り組みましょう。

応用力養成期 …入試の 6 か月前～ 3 か月前頃

・身につけた基礎を土台にして，入試レベルの問題に対応できる応用力を養成します。

・志望校の過去問を確認して，出題傾向，解答の形式などを把握しておきましょう。

・模試を積極的に活用しましょう。模試で課題などが見つかったら，『大学入試 ステップアップ 英語重要構文【基礎】』で復習して，確実に解けるようにしておきましょう。

実戦力養成期 …入試の 3 か月前頃～入試直前

・時間配分や解答の形式を踏まえ，できるだけ本番に近い状態で過去問に取り組みましょう。

志望校合格！！

英語の学習法

◎ **同じ問題を何度も繰り返し解く**
多くの教材に取り組むよりも，1 つの教材を何度も繰り返し解く方が力がつきます。
→『大学入試 ステップアップ 英語重要構文【基礎】』の活用例を，次のページで紹介しています。

◎ **解けない問題こそ実力アップのチャンス**
間違えた問題の解説を読んでも理解できないときは，解説を 1 行ずつ丁寧に理解しながら読むまたは書き写して，自分のつまずき箇所を明確にしましょう。教科書レベルの内容がよく理解できないときは，さらに前に戻って復習することも大切です。

◎ **基本問題は確実に解けるようにする**
応用問題も基本問題の組み合わせです。まずは基本問題が確実に解けるようにしましょう。解ける基本問題が増えていくことで，応用力も必ず身についてきます。

◎ **ケアレスミス対策**
日頃から，問題をよく読んで答える習慣を身につけ，実際の試験でも解いた後に再度確認し，ケアレスミスを 1 つでもなくせるように注意しましょう。

～本書のしくみ～

本冊

要点整理

各項目に関係する例文とその訳，簡潔な解説です。しっかりと覚えましょう。

☆ 重要な問題

ぜひ取り組んでおきたい問題です。状況に応じて効率よく学習を進めるときの目安にもなります。

1単元1ページで完結。英文は短文であっても場面が分かりやすく，内容も興味あるものを掲載。

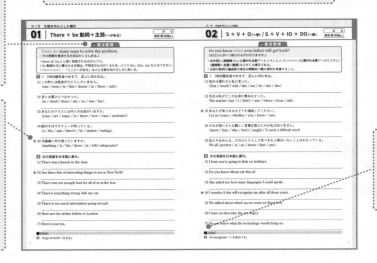

notes

適宜，語彙などのヒントを掲載しています。

まとめテスト

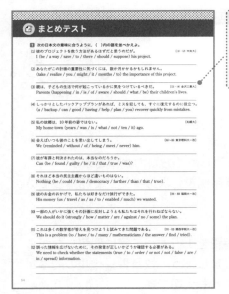

巻末に本書で学習した項目が使われた，大学入試問題を入れています。

解答・解説

答え合わせのときは，正誤確認だけでなく，解説にある構文を理解するためのポイントも注目しましょう。

📖 本書の活用例

◎ 何度も繰り返し取り組むとき，1巡目は全問→2巡目は1巡目に間違った問題→3巡目は2巡目に間違った問題…のように進めて，全問解けるようになるまで繰り返します。

◎ ざっと全体を復習したいときは，各単元の要点整理だけ取り組むと効率的です。

目　次

本書に関する最新情報は，小社ホームページにある本書の「サポート情報」をご覧ください。(開設していない場合もございます。)
なお，この本の内容についての責任は小社にあり，内容に関するご質問は直接小社におよせください。

01 | There ＋ be 動詞＋主語（〜がある）

要点整理

There are many ways to solve the problem.
（その問題を解決する方法はたくさんある。）

> there は [ðər] と弱く発音されるのがふつう。
> be 動詞の次に置かれる主語は，不特定のものがくるため，ふつう the, this, my などはつかない。
> Here is〔are〕〜.「ここに〜がある」は人に注意を向けるときに用いる。

1 （ ）内の語を並べかえて，正しい文にせよ。

(1) この町には医者がひとりしかいません。
(one / town / is / this / doctor / in / there / only).

(2) 空には雲ひとつなかった。
(in / cloud / there / sky / no / was / the).

(3) あなたのクラスには何人の生徒がいますか。
(your / are / many / in / there / how / class / students)?

(4) 駅のそばでタクシーが待っている。
(a / the / taxi / there's / by / station / waiting).

☆ (5) 冷蔵庫に何か残っていますか。
(anything / is / the / there / in / left) refrigerator?

2 次の英語を日本語に直せ。

(1) There was a knock on the door.

☆ (2) Are there lots of interesting things to see in New York?

(3) There was not enough food for all of us in the box.

(4) There's something wrong with my car.

(5) There is too much information going around.

(6) Here are two airline tickets to London.

(7) Here's your tea.

■ notes
2 (5) go around「広まる」

02 | S + V + O(=節) / S + V + IO + DO(=節)

要点整理

Do you know when your father will get back?
（お父さんがいつ戻られるかわかりますか。）

> 目的語に，**接続詞** that **に導かれる節**（「〜ということ」），if〔whether〕**に導かれる節**（「〜かどうか」），
〈**疑問詞＋主語＋動詞**〉などがくる構文である。
> 主節の動詞が**過去形**の場合は**時制の一致**の規則を考慮すること。

1 （　）内の語を並べかえて，正しい文にせよ。

(1) 彼女は遅れると私に言った。
(that / would / told / late / me / be / she / she).

_____

(2) 先生は私がどこの出身か尋ねなかった。
The teacher (me / I / didn't / was / where / from / ask).

_____

☆ (3) あなたが来られるかどうか連絡してください。
Let us (come / whether / you / know / can).

_____

(4) だれが彼にそんな難しい言葉を教えたのか私は知りません。
(know / him / who / don't / taught / I) such a difficult word.

_____

(5) 私たちはみんな，だれひとりとして完ぺきな人間はいないことはわかっている。
We all (perfect / is / no / know / that / one).

_____

2 次の英語を日本語に直せ。

(1) I hear you're going to Italy on holidays.

_____

(2) Do you know whose car this is?

_____

(3) She asked me how many languages I could speak.

_____

☆ (4) I wonder if she will recognize me after all those years.

_____

(5) We talked about which soccer team we liked best.

_____

(6) I have no idea why she got angry.

_____

(7) No one knew what the technology would bring us.

_____

■ notes

2 (4) recognize「〜を見分ける」

03 | S + V + O + C (＝現在分詞・過去分詞)

要点整理

I saw *a cat* crossing the street.
（私は1匹の猫が通りを横切っているのを見た。）

> **第5文型**でC（補語）が，形容詞のかわりに**現在分詞**や**過去分詞**になる場合である。O を主語として be 動詞で結んでみるとよい。進行形や受動態が成立する。
> 例文でいうと，*A cat* was crossing the street. となる。

> **知覚動詞**（see，watch，hear，feel，smell など）や make，have，keep，leave などが使われる。

1 （　）内の語を並べかえて，正しい文にせよ。

(1) 隣の部屋でだれかが歌っているのが聞こえる。
I (in / someone / room / hear / the next / singing).

_____

(2) あなたは自分の心臓が激しく打つのを感じましたか。
(heart / feel / your / you / beating / did) wildly?

_____

(3) 彼女はその男性が警察につかまるのを見た。
(caught / saw / by / the police / she / the man).

_____

(4) ジョンはその事故で足の骨を折った。
(leg / John / had / the accident / his / in / broken).

_____

(5) お待たせしてすみません。(waiting / I'm / kept / sorry / I've / you).

_____

2 次の英語を日本語に直せ。

(1) You must always keep this food frozen.

_____

(2) The girl felt her head hit by something.

_____

(3) Don't you smell something burning in the kitchen?

_____

(4) It is wasteful to leave water running.

_____

(5) My sister was watching many birds getting together on the tree.

_____

☆ (6) He couldn't make himself understood in English.

_____

(7) You must be careful not to have your bag stolen in the crowd.

_____

(8) No one heard the news talked about in the classroom.

_____

04 │ S ＋ 使役動詞〔知覚動詞〕＋ O ＋原形不定詞

✋ 要点整理

His joke made *the audience* laugh.
（彼の冗談は聴衆を笑わせた。）

> **使役動詞**「〜に…させる」や**知覚動詞**「〜が…するのを見る〔聞く，感じる〕」は目的語のあとに **to** のつかない不定詞（原形不定詞）がくる。
> 使役動詞には make，let，have，get がある。ただし，get の場合は **to のつく不定詞**がくる。
> 知覚動詞には，feel，see，hear，watch などがある。
> **目的語**と**不定詞**との間には**主語**と**動詞**の関係が成り立つ。

1 （　）内の語を並べかえて，正しい文にせよ。

(1) 両親は私をパーティーに行かせてはくれないでしょう。
(to / let / parents / me / the party / won't / go / my).

(2) 彼女は子どもたちに自分自身の部屋をきれいにそうじさせた。
She made (their / children / clean / rooms / the / own / up).

(3) 私は不在中，友人に犬の世話をしてもらった。
(of / my friend / care / had / my dog / I / take) while I was away.

(4) あなたの言葉で私は幸せな気持ちになります。
(make / words / happy / me / your / feel).

(5) だれかがぼくの名前を呼ぶのが聞こえた。
(heard / someone / I / name / call / my).

2 次の英語を日本語に直せ。

(1) Did you feel the house shake?

(2) The coach let him join our team.

(3) My mother tried to make me leave for school earlier.

☆ (4) Mrs. Smith can get her husband to do anything she likes.

☆ (5) Our teacher had us learn the poem by heart.

(6) I don't want to hear my boyfriend speak ill of others.

☆ (7) Mary helped her mother wash the dishes.

05 | It is ... (for A) to 〜（Aが〜するのは…だ）

要点整理

It is natural *for* parents to love their children.
（親が自分の子どもを愛するのは当然のことである。）

> この構文の it は to **不定詞以下の内容**を表す**仮主語**である。不定詞の前の for 〜は**不定詞の意味上の主語**を表す。ただし，It is の次にくる語が kind，nice，foolish，silly，clever，wise，careless，brave，rude など，人の性質を表す形容詞のときには，for ではなく of を用いる。
> 書き換え→ It is natural **that** parents (should) love their children.

1 （　）内の語を並べかえて，正しい文にせよ。

(1) 運動すると身体にいいですよ。
It is (get / you / to / for / good / exercise).

_____

(2) 彼が明日までにこの仕事を終わらせるのは簡単なことではない。
It is (finish / him / easy / work / to / for / this / not) by tomorrow.

_____

☆ (3) 病気のときお見舞いに来てくれてどうもありがとう。
It was (to / of / kind / visit / very / you / me) when I was ill.

_____

(4) バスを乗り間違えるなんて，彼は不注意だったね。
(careless / take / was / it / him / to / of) the wrong bus.

_____

☆ (5) 寝る前には食べないほうがいいですよ。
(not / is / you / to / eat / better / it / for) before you go to bed.

_____

2 次の英語を日本語に直せ。

(1) It's interesting to see different cultures and ways of life.

_____

(2) Is it necessary for me to visit my aunt again?

_____

(3) It is very embarrassing for me to speak in public.

_____

(4) It was impossible for him to solve the problem.

_____

☆ (5) It isn't wise of you not to tell the truth.

_____

(6) It's hard for old people to change their ways of living.

_____

(7) It was very kind of you to drive us to the station.

_____

06 | It is 〜 that〔whether, how, who, *etc.*〕

🖑 要点整理

It is strange that he is not here. He always comes at this time.
（彼がここにいないのは変だ。この時間はいつも来るのに。）

> この構文の it は that / **疑問詞以下の内容**を受ける**仮主語**である。
> that 以下が疑問の内容を導くときは that が whether や**疑問詞**になる。
> that が省略されることもある。

1 （　）内の語を並べかえて，正しい文にせよ。

(1) ロンドンに行って勉強するというのは本当ですか。
(true / is / are / that / going / it / you) to study in London?

_____

(2) 喫煙が健康によくないことは事実である。
(that / is / is / fact / smoking / a / bad / it) for health.

_____

(3) あなたがいっしょに来られないとは残念です。
(you / a / it / that / can't / is / pity) join us.

_____

(4) 彼女がその電車に乗ったなんてありえない。
(impossible / the / she / that / it's / train / caught).

_____

(5) 金の価格が上昇するのは確かである。
(certain / it / that / is / price / gold / the / of) will go up.

_____

2 次の英語を日本語に直せ。

(1) It's all the same to me whether you go or stay.

_____

(2) It is no wonder that mobile phones have changed our way of life.

_____

(3) It's important everybody should be told all the facts.

_____

☆ (4) It is strange that such a good movie was forgotten for so long.

_____

(5) It is doubtful if the politician will keep his promise.

_____

(6) It is a complete mystery what caused the accident.

_____

☆ (7) It's a pity that nobody came to meet you at the station.

_____

07 | find it ... to 〜〔that 〜〕(〜することは…だと思う)

要点整理

I find it difficult to do all this work in a day.
（1日でこの仕事を全部こなすのは難しいと思う。）

> この構文は S ＋ V ＋ O ＋ C の文型である。
> it は to 不定詞または that 節以下の内容を示す**仮目的語**である。
> 例文は I find (that) *it is* difficult to do all this work in a day. と同意である。

1 （　）内の語を並べかえて，正しい文にせよ。

(1) お年寄りにやさしくすることは大切だと思う。
　　(kind / to / I / it / think / be / important) to old people.

_____

(2) 私はそのことについてだれにも何も言わないのが最善だと思った。
　　(nothing / best / it / I / say / to / thought) about that to anybody.

_____

(3) その問題は解いてみると簡単だった。
　　(easy / I / it / to / answer / found) the question.

_____

(4) 私たちは彼が成功すると信じていた。
　　(possible / it / believed / that / we) he would be successful.

_____

(5) あなたは，ほかにだれも到着していないのを変だと思いましたか。
　　(it / you / find / that / strange / did) no one else had arrived?

_____

2 次の英語を日本語に直せ。

(1) He felt it his duty to support his family in many ways.

_____

(2) I don't think it necessary for you to give up your job.

_____

(3) The thick fog made it difficult to drive on.

_____

(4) Some people consider it rude to point at someone with your finger.

_____

(5) I make it a rule never to be late for appointments.

_____

(6) I took it for granted that you would come with us.

_____

■ notes

2 (5) make it a rule to 〜「〜することにしている」　(6) take it for granted (that) 〜「(〜ということを)当然だと思う」

08 ｜ It seems that 〜（〜のように思える）

🖐 要点整理

It seems that *he* knows the truth.
（彼は真相を知っているように思える。）

> この it は仮主語ではなく非人称の it と呼ばれるもので，seem「〜らしい」は話者の**推量**の気持ちを表している。seem が appear となることもある。
> It (so) happens that 〜「たまたま〜である」，It is said that 〜「〜だと言われている」
> 書き換え→ *He* seems to know the truth.

1 （　）内の語を並べかえて，正しい文にせよ。

(1) 私たちは道に迷ってしまったようだ。
(lost / that / we / our / seems / have / way / it).

_____

(2) 近いうちに選挙があると言われている。
(there / is / an election / be / that / it / will / said) soon.

_____

2 次の文を書き換えよ。

(1) It seems that he is over ninety.
He (　　　　) (　　　　) (　　　　) over ninety.

☆ (2) It seems that they knew nothing.
They (　　　　) to (　　　　) (　　　　) nothing.

(3) It is said that he is the richest man in the city.
He (　　　　) (　　　　) (　　　　) be the richest man in the city.

☆ (4) It is said that the animals lived long time ago.
The animals (　　　　) (　　　　) to (　　　　) lived long time ago.

3 次の英語を日本語に直せ。

(1) It seems that there will be a storm soon.

_____

(2) It appears that children are enjoying the party.

_____

(3) It so happens that today is my birthday.

_____

(4) It happened that we were in London.

_____

(5) It is said that nobody has solved the problem yet.

_____

■ notes
2 (2)(4)主節の時制が現在で that 節内の動詞が過去形または現在完了形のときは，seem，said のあとは〈to have ＋過去分詞〉の形になる。
3 (3) It so happens = It happens

09 | It takes (A)... to 〜（A が〜するのに時間が…かかる）

月　　日
解答 ▶ 別冊p.2

🖐 要点整理

It took me a month to get over my cold.
（風邪が治るまでに 1 か月かかった。）

> この it は時間や距離などを表すときに用いるもので，take は「時間・労力などを必要とする」の意味である。me を to 不定詞の前にもってきて for me としてもよい。
> take が cost になると，「費用が…かかる」の意味になる。

1 （　）内の語を並べかえて，正しい文にせよ。

(1) その仕事を終えるのに彼女は午後いっぱいかかった。
(her / all / it / to / afternoon / took) finish the work.

_____

☆ (2) 駅まで歩いてどれくらいかかりますか。
(long / take / how / it / does / get / to) to the station on foot?

_____

(3) 私がこの本を読み終えるには 3 日しかかからなかった。
(took / it / to / days / me / three / read / only) through this book.

_____

(4) そこまで車で行くのに 5 時間かかった。
(to / there / me / it / five / drive / hours / took).

_____

☆ (5) あなたがそのツアーに参加するにはそれほどお金はかからないでしょう。
(much / won't / you / it / join / to / cost / so) the tour.

_____

2 次の英語を日本語に直せ。

(1) It took the doctor eight hours to do the operation.

_____

(2) It costs five dollars to send this package to your house.

_____

(3) It won't take long for me to finish the job.

_____

(4) It took me an hour to solve the math problem.

_____

(5) How much did it cost you to fly to New York?

_____

(6) It cost me 500 dollars to have my car repaired.

_____

(7) The flight took us ten hours.

_____

■ notes
2 (1) operation「手術」　(7) it のかわりに「物事」を主語にすることもある。

10 | have (got) to ～（～しなければならない）

月　　日
解答 ▶ 別冊p.3

要点整理

You *don't* have to take off your shoes in this room.
（この部屋ではくつを脱がなくてもいいですよ。）

> don't have to ～「～する必要はない」，had to ～「～しなければならなかった」，
> will have to ～「～しなければならないだろう」
> ought to ～「当然～すべきだ，～のはずである」，ought not to ～「～すべきでない」

1 （　）内の語を並べかえて，正しい文にせよ。

(1) 彼らは道中ずっと低速で運転しなければならなかった。
(drive / they / to / slowly / had) all the way.

_____

(2) 私の母は毎朝私たちの朝食を作らなくてはなりません。
(our / to / mother / breakfast / has / my / make) every morning.

_____

☆ (3) 私は何回くらい彼の講義に出席しなくてはなりませんか。
(have / I / often / do / attend / how / to) his lecture?

_____

(4) 何でもかんでも文句を言うもんじゃないよ。
(everything / ought / about / you / to / complain / not).

_____

(5) 彼は 9 時に出発したのだから，今頃は職場にいるはずだ。
As he left at nine, (to / there / he / be / the office / ought / at) by now.

_____

2 次の英語を日本語に直せ。

(1) Excuse me, I have to say good-bye now.

_____

(2) You'll have to work hard if you want to pass the exam.

_____

(3) You don't have to be so nervous.

_____

(4) He had to be in the hospital for three months after the accident.

_____

(5) We've got to get up early tomorrow — we're going on a picnic.

_____

(6) At your age you ought to know better.

_____

☆ (7) You ought not to stay up so late.

_____

(8) You ought to be more careful when you are driving.

_____

11 | used to 〜（以前は〜したものだ）

要点整理

He doesn't work here now, but he used to (work here).
（彼は今ではここで働いていないが，以前は働いていた。）

> used to 〜 は**過去の習慣**「以前は〜したものだ」や**過去の一定の状態**「以前は〜だった」を表す。
現在との対比に注意。

> **had better 〜**「〜したほうがよい」（軽い命令），**had better not 〜**「〜しないほうがよい」

1 （　）内の語を並べかえて，正しい文にせよ。

(1) 彼は以前，自転車で通学していたが，今はバス通学だ。
(bicycle / school / to / to / he / go / used / by), but now he takes a bus.

(2) 私たちは以前ほど頻繁には芝居を見に行かなくなった。
We don't go to plays (to / often / we / as / used / as).

☆ (3) この工場には以前はたくさんの労働者がいたが，ほとんどがやめてしまった。
(in / workers / to / there / many / used / be) this factory, but most of them quitted.

(4) きみのシャツは破れている。別のシャツを着たほうがよい。
Your shirt is torn; (shirt / you / better / on / another / put / had).

☆ (5) 今，彼に話しかけないほうがいいよ。
(to / had / him / you / speak / not / better) now.

2 次の英語を日本語に直せ。

(1) I used to go fishing quite often; but now I rarely go.

(2) You used to live in Kyoto, didn't you?

(3) People used to believe that things were getting better.

(4) That land over there used to belong to my family.

(5) It used to be thought that the earth was flat.

(6) Dinner is probably ready, so we had better hurry home.

☆ (7) You'd better not swim if you've just eaten.

(8) Hadn't you better make sure of the fact first?

12 | may as well ～（～したほうがよい，～するのも同然だ）

要点整理

We may as well work on the project.
（私たちはその計画に取りかかったほうがいいだろう。）

> had better より，**えん曲的**な表現である。may → might にすると，さらにえん曲的になる。
> may〔might〕as well A as B「BするのはAするのも同じだ，BするくらいならAするほうがましだ」might を用いるとAには通常実行しないことが入る。
> may well ～「～するのももっともだ」

1 （　）内の語を並べかえて，正しい文にせよ。

(1) 私には真実を言ったほうがいいよ。
(well / the / as / me / you / may / truth / tell).
_____

(2) 私たちは今いる所にいたほうがよい。
(well / stay / we / as / may / where) we are.
_____

(3) きみがそう言うのももっともだ。
(so / you / well / say / may).
_____

(4) 子どもはその映画を見ないほうがいいでしょう。
(well / see / might / not / movie / children / as / the).
_____

☆ (5) テレビを見るのは何もしないに等しい。
(as / as / nothing / well / do / might / you) watch TV.
_____

2 次の英語を日本語に直せ。

(1) There's nothing to do, so you may as well go to bed.
_____

(2) You may as well not believe her words.
_____

(3) If he joins our team, we might as well win the game.
_____

☆ (4) You may well be proud of your collection of stamps.
_____

(5) I think he may well get angry.
_____

☆ (6) I might as well throw my money into the sea as lend it to Tom.
_____

(7) I may as well stay home alone as go out in the rain.
_____

13 │ must have ＋過去分詞(〜したに違いない)

要点整理

I can't find my ticket. I must have lost it.
(切符が見つかりません。なくしたに違いありません。)

> 〈may〔might〕 have ＋過去分詞〉「〜したかもしれない」，〈cannot〔can't〕 have ＋過去分詞〉「〜したはずがない」，〈should have ＋過去分詞〉「〜すべきだったのに，〜したはずだ」，〈need not〔needn't〕 have ＋過去分詞〉「〜する必要はなかった(のに)」

1 （　）に適語を入れて英文を完成させよ。

(1) 私はきっと間違いを犯したに違いない。
I （　　　　　）（　　　　　）（　　　　　） a mistake.

(2) この歌は当時，若者に人気だったに違いない。
This song （　　　　　）（　　　　　）（　　　　　） popular among young people then.

☆(3) 地面がぬれているから，雨が降ったのかもしれないね。
The ground is wet, so it （　　　　　）（　　　　　）（　　　　　）.

☆(4) 彼にはきみの声が聞こえたはずがない。もう一度呼んでごらん。
He （　　　　　）（　　　　　）（　　　　　） you. Call again.

(5) きみは彼女に悪かったと言うべきだったと，ぼくは思うよ。
I think you （　　　　　）（　　　　　）（　　　　　） her you were sorry.

2 （　）内から適当なほうを選べ。

(1) Listen, she sings very well. She (should / must) have practiced hard.

(2) I can go there by myself. So you (needn't / mustn't) have come with me.

(3) "I'm sorry I didn't write you a letter."
"At least you (must / should) have phoned me."

(4) I (cannot / may) have met the man, but I don't remember him.

(5) He is honest. He (must / can't) have told a lie.

3 次の英語を日本語に直せ。

(1) He ate a huge supper. He must have been hungry.

_____

(2) He isn't back yet. He may have had an accident.

_____

☆(3) The man cannot have stolen your wallet, because he wasn't there.

_____

(4) It didn't rain after all, so I need not have taken my umbrella with me.

_____

(5) We should have been more careful about the plan.

_____

14 | have never ＋過去分詞(今まで〜したことがない)

要点整理

Have you *ever* seen a wolf? — No, I've *never* seen one.
(今までにオオカミを見たことがありますか。 — いいえ，ありません。)

> 〈have ＋過去分詞〉　①**完了・結果**「〜したところだ，〜してしまった」(just，already，yet)
> ②**経験**「〜したことがある」(ever，never，before)
> ③**継続**「ずっと〜である」　進行形は have been 〜ing で表す。(since，for)
> **過去完了**〈had ＋過去分詞〉　**基準になる過去**の出来事に注意すること。

1 （　）内の語を並べかえて，正しい文にせよ。

(1) 馬に乗ったことがありますか。
(a / ridden / ever / horse / have / you)?

_____

(2) 兄はまだ入浴していません。
My brother (a / yet / not / bath / taken / has).

_____

(3) 私は6時からずっと順番を待っています。
(for / since / waiting / turn / I've / my / been) six o'clock.

_____

☆ (4) いつから雪が降っているのですか。
(long / snowing / how / been / has / it)?

_____

(5) 私たちがスタジアムに着いたときには，試合はもう始まっていた。
When we arrived at the stadium, (started / the / already / had / game).

_____

2 次の英語を日本語に直せ。

(1) You can go out after you have finished your homework.

_____

(2) I've seen the film many times, but I'd like to see it again.

_____

(3) How long have you known the lawyer?

_____

(4) She has gone to France, so we can't see her for a while.

_____

☆ (5) Three weeks have passed since I came to this country.

_____

(6) We soon recognized each other, although we had not met for years.

_____

(7) I had never been abroad, so everything seemed strange to me.

_____

15 | can〔must，will〕be ＋過去分詞

月　　日

解答 ▶ 別冊p.4

要点整理

This broken vase can't be repaired.
（この割れた花びんの修理は不可能だ。）

> **受動態**〈be 動詞＋過去分詞〉が助動詞とともに用いられると，〈**助動詞＋ be ＋過去分詞**〉となる。
> **動作を表す受動態**の場合，be 動詞のかわりに get，become などが用いられる。
> **完了形の受動態** 〈have〔had〕been ＋過去分詞〉

1 （　）内の語を並べかえて，正しい文にせよ。

(1) バスの中で外国人に話しかけられた。
　(was / a foreigner / by / to / I / spoken) in the bus.

(2) 彼の小説は世界中で知られるようになった。
　(known / over / novels / world / all / became / the / his).

(3) その仕事は明日までに完成するだろうか。
　(tomorrow / the / finished / will / work / by / be)?

(4) この手紙はすぐに出さないといけない。
　(has / this / sent / right / letter / to / away / be).

☆ (5) 弟はこれまでテニスで負けたことがない。
　(beaten / never / brother / has / tennis / been / at / my).

2 次の英語を日本語に直せ。

(1) The shell of an egg is easily broken.

(2) The garden was filled with flowers.

(3) The game will be canceled because of this heavy rain.

(4) That desk must be made of wood.

(5) He got injured while playing soccer.

(6) The baby was named Richard after his grandfather.

(7) The question will be discussed at the meeting tomorrow.

☆ (8) This actor has been loved by many people for a long time.

18

16 | ask A to 〜（Aに〜するように頼む）

👆 要点整理

She asked *me* to open the window.
（彼女は私に窓を開けるように頼んだ。）

> この文型に使われる動詞は，ask，tell，request，want，advise，expect，would like，think，believe，encourage，enable など。
> 一般に **to 不定詞の否定**は，to の前に not〔never〕を置く。
> 書き換え→ She *said to* me, "Please *open* the window."

１ （　）内の語を並べかえて，正しい文にせよ。

(1) My mother (room / to / clean / keep / me / told / the).

_____

(2) I'd (you / me / like / see / come / to / and).

_____

(3) (like / me / lie / I / you / don't / to / to).

_____

(4) (believe / be / honest / him / to / you / do)?

_____

☆ (5) (asked / use / she / me / to / not) her computer.

_____

２ 次の文を to 不定詞を使って書き換えよ。

(1) She said to me, "Please wait for a while."
She (　　　　　) (　　　　　) (　　　　　) (　　　　　) for a while.

(2) The teacher said to us, "Keep quiet."
The teacher (　　　　　) (　　　　　) (　　　　　) (　　　　　) quiet.

☆ (3) He said to us, "Don't swim in the river."
He (　　　　　) (　　　　　) (　　　　　) (　　　　　) swim in the river.

３ 次の英語を日本語に直せ。

(1) The doctor advised him to take more exercise.

_____

(2) The artist requested us not to touch his paintings.

_____

☆ (3) I don't want you to take what I said that way.

_____

(4) This money will enable you to go on a trip.

_____

(5) He encouraged me to try again.

_____

17 | what to 〜（何を〜したらよいか）

🖐 要点整理

Ask him what to do **next.**
（次に何をしたらいいか彼に尋ねてごらん。）

> 〈**疑問詞＋ to 不定詞**〉　what to，which to，how to，when to，where to，who(m) to
> 〈**疑問詞＋ to 不定詞**〉は**名詞の働き**をして，目的語，主語，補語となる。
> 書き換え→ Ask him *what we should do* next.

1 （　）に適語を入れて英文を完成させよ。

(1) どっちのボタンを押したらよいか教えてください。
　　Can you tell me （　　　　　） button （　　　　　） press?

(2) 彼は私に車の運転方法を説明してくれた。
　　He explained to me （　　　　　）（　　　　　）（　　　　　） a car.

(3) だれを招待したらいいかしら。
　　I wonder （　　　　　）（　　　　　）（　　　　　）.

☆ (4) 私たちは明日どこに行くべきか話し合った。
　　We talked about （　　　　　）（　　　　　）（　　　　　） tomorrow.

(5) いつ彼女を訪ねたらいいか私にはわからない。
　　I don't know （　　　　　）（　　　　　）（　　　　　） her.

2 次の文を to 不定詞を使って書き換えよ。

(1) I don't know who I should ask for advice.
　　I don't know （　　　　　）（　　　　　）（　　　　　） for advice.

(2) He discovered how he could open the safe.
　　He discovered （　　　　　）（　　　　　）（　　　　　） the safe.

(3) Can you advise me which dress I should wear?
　　Can you advise me （　　　　　）（　　　　　）（　　　　　） wear?

(4) Please tell me when I should begin.
　　Please tell me （　　　　　）（　　　　　）（　　　　　）.

3 次の英語を日本語に直せ。

(1) She lent me two books, but I don't know which to read first.

　　_____

(2) Could you tell me how to get to the city hall?

　　_____

(3) Can you tell me when to switch the machine off?

　　_____

(4) Have you decided what book to read next?

　　_____

☆ (5) How to achieve the goal was important to them.

　　_____

18 | 名詞＋ to ～（不定詞の形容詞用法）

🖐 要点整理

Would you like *something* to drink?
（何かお飲みになりませんか。）

> 不定詞が修飾する名詞はその不定詞との関係において，**意味上の主語，目的語，同格**となる。例文は drink *something*（何かを飲む）の関係で**目的語**。
> *someone* to talk to（話し相手）のように**前置詞の目的語**になることもある。
> 同格の不定詞は chance や need などの抽象名詞を修飾して「～する，～という」の意味になる。

1 （　）内の語を並べかえて，正しい文にせよ。

(1) Who was (man / to / on / the / walk / first / moon / the)?
　　————————————————————————————

☆ (2) I have (books / in / to / the / no box / carry).
　　————————————————————————————

☆ (3) There is (worry / nothing / about / to).
　　————————————————————————————

(4) (time / breakfast / I / to / no / take / had).
　　————————————————————————————

(5) Here are (answer / for / questions / some / to / you).
　　————————————————————————————

2 次の文を to 不定詞を使って書き換えよ。

(1) He has no friends he can depend upon.
　　He has no friends (　　　　　　) (　　　　　　) (　　　　　　).

(2) This book may have something that interests you.
　　This book may have something (　　　　　　) (　　　　　) you.

(3) I'll buy a magazine which I will read on the train.
　　I'll buy a magazine (　　　　　　) (　　　　　) on the train.

3 次の英語を日本語に直せ。

(1) I don't have anything to say on that subject.
　　————————————————————————————

(2) We needed a taxi to take us to the station.
　　————————————————————————————

☆ (3) Hurry up. We've little time to waste.
　　————————————————————————————

(4) I didn't have a chance to see him.
　　————————————————————————————

(5) He brought a knife to cut the cake with.
　　————————————————————————————

☆ (6) John is the last person to tell lies.

19 | ... enough to 〜（〜できるくらい…だ）

🖑 要点整理

The man is *rich* enough to have three cars.
（その男性は車を3台所有するほどお金持ちだ。）

> 〈**形容詞・副詞**＋ enough to 〜〉，〈enough ＋**名詞**＋ to 〜〉
> too ... to 〜 「〜するには…すぎる，…すぎて〜できない」
> in order (not) to 〜 / so as (not) to 〜 「〜する〔しない〕ために」
> 書き換え→ The man is so *rich* that he can have three cars.

１（　）内の語を並べかえて，正しい文にせよ。

(1) John is (enough / to / strong / carry) two suitcases.

_____

(2) (to / too / I've / walk / far / come) back home.

_____

(3) Do you have (money / to / shirt / enough / buy / the)?

_____

(4) I took a taxi (be / order / in / in / to / time) for work.

_____

(5) We hurried (so / not / miss / to / as / the / bus).

_____

２ 次の文を書き換えよ。

(1) This problem was easy enough for me to solve.
　　This problem was (　　　　　) (　　　　　) (　　　　　) I could solve it.

(2) It's raining too hard for us to go out.
　　It's raining (　　　　　) (　　　　　) that we (　　　　　) go out.

☆ (3) We moved quietly so as not to wake the baby.
　　We moved quietly (　　　　　) (　　　　　) we might (　　　　　) wake the baby.

３ 次の英語を日本語に直せ。

(1) He doesn't earn enough money to live on.

_____

☆ (2) The window was too dirty for us to see through.

_____

(3) He is poor but is too proud to ask for help.

_____

(4) You should take notes in order not to forget his words.

_____

(5) Let's hurry so as not to waste time.

_____

20 | *be* ready to 〜（喜んで〜する）

月　　日
解答 ▶ 別冊p.5

要点整理

He is always ready to help his friends.
（彼はいつでも喜んで友達を助ける。）

> 〈be 動詞＋形容詞＋ to 〜〉で，感情の原因，主語の性質，主語の意志などを表すことができる。
> *be* eager〔anxious，impatient〕to 〜「〜したがる」，*be* likely〔apt〕to 〜「〜しそうである」，
> *be* free to 〜「自由に〜する」，*be* sure〔certain〕to 〜「きっと〜する」，
> *be* willing to 〜「進んで〜する」，*be* quick to 〜「すぐに〜する」，*be* easy to 〜「〜しやすい」

1 （　）内の語を並べかえて，正しい文にせよ。

(1) 彼は決心するのが早い。
　　He is (mind / quick / up / make / his / to).

_____

☆ (2) あなたは自由に好きなことをしてもよろしい。
　　You are (what / do / to / like / free / you).

_____

(3) 出かける準備ができましたか。
　　(ready / to / you / leave / are)?

_____

(4) 私たちはきっとその試合に勝つと思う。
　　(sure / we / the / are / win / to / game).

_____

(5) きみにまた会えてうれしいよ。
　　(you / happy / again / to / I'm / see).

_____

2 次の英語を日本語に直せ。

☆ (1) My son is sure to make his dreams come true.

_____

(2) The boy was afraid to go near the dog.

_____

(3) My boss is difficult to work with because he is very nervous.

_____

☆ (4) Mary is eager to introduce John to her parents.

_____

(5) I'm willing to lend you some money.

_____

(6) It is likely to rain in the evening.

_____

(7) I am unable to answer your question.

_____

21 | to be honest（正直に言えば）

要点整理

To be honest, I'm not sure what to do.
（正直に言えば，どうしたらいいのかわからない。）

> 独立不定詞は，挿入句として文全体を修飾する。
> to tell the truth「実を言えば」，to be sure「確かに」，to begin with「第一に」，
> needless to say「言うまでもなく」

1 （　）に to 不定詞を含む適語を入れて，英文を完成させよ。

(1) 実を言うと，私はそれについて何も知らないんだ。

（　　　　　）（　　　　　　　） the truth, I don't know anything about it.

(2) 確かに，きみの意見はもっともだ。

（　　　　　）（　　　　　）（　　　　　　　）, your opinion makes sense.

(3) 第一に，きみは学校に遅刻してはいけません。

（　　　　　）（　　　　　）（　　　　　　　）, you must not be late for school.

(4) 言うまでもなく，正直は最良の策である。

（　　　　　）（　　　　　）（　　　　　　　）, honesty is the best policy.

☆ (5) 彼は言わば生き字引だ。

He is, （　　　　　）（　　　　　）（　　　　　　　）, a walking dictionary.

2 次の英語を日本語に直せ。

(1) Strange to say, I was thinking exactly the same thing as you.

_____

☆ (2) He's a clever person, to be sure, but not very nice.

_____

(3) I met John today, but he was very unfriendly, not to say rude.

_____

(4) To be frank with you, this dress doesn't look good on you.

_____

(5) To be brief, you don't agree with me, do you?

_____

(6) To be honest, I think you are wrong.

_____

(7) My teacher can speak French, to say nothing of English.

_____

☆ (8) We lost our way. To make matters worse, it began to rain.

_____

■ notes

2 (3) not to say ～「～とは言わないまでも」　(4) to be frank (with you)「率直に言って」
(7) to say nothing of ～「～はもちろんのこと」
(8) to make matters worse「さらに悪いことには」

22 | spend ... ～ing（～して…を過ごす）

要点整理

The writer spent *three years* writing this book.
（その作家はこの本を書くのに3年を費やした。）

> spend の次には時を表す名詞（句）**(目的語)**がくる。
> *be* busy ～ing「～して忙しい」，sit(stand，lie) ～ing「座って〔立って，寝ころんで〕～する」，
> have difficulty〔trouble〕～ing「～するのに苦労する」

1 （　）内の語を並べかえて，正しい文にせよ。

(1) 彼女は長い時間をかけて彼を説得した。
She (time / him / spent / persuading / long / a).

(2) 彼らは新しい家を見つけるのに苦労した。
They (finding / difficulty / house / new / had / their).

(3) 私は今週はずっと試験勉強で忙しい。
I have (busy / studying / been / for / the exams) this week.

(4) 子どもたちは私たちを出迎えに走ってきた。
The children (meet / came / us / to / running).

(5) 彼はソファーに座って本を読んでいた。
(sat / reading / he / sofa / on / the) the book.

2 次の英語を日本語に直せ。

(1) The birds came hopping round my window.

☆ (2) He lay on the grass enjoying the sunshine.

(3) I'm having difficulty getting a new job.

(4) We spent most of the evening talking about our vacation.

(5) He spent a quiet day reading and listening to music.

(6) I had much trouble getting along with local people.

(7) My mother is busy getting breakfast ready now.

☆ (8) I go jogging in the park before breakfast.

23 | 分詞構文

要点整理

Walking down the street yesterday, I met Sally.
（昨日，通りを歩いているとサリーに出会った。）

> 分詞が接続詞と動詞の働きを兼ねて主文全体を修飾する。例文では walk の主語は主文と同じ I である。
> 否定の not〔never〕は分詞の直前に置く。
> 分詞の意味上の主語が主文の主語と異なるときには，分詞の前にその主語を置く。(独立分詞構文)
> 分詞構文の意味：**時**（「〜したときに，〜していると」），**原因・理由**（「〜なので」），**条件**（「もし〜ならば」），**譲歩**（「たとえ〜しても」），**付帯状況**（「〜しながら」），**結果**（「そして〜」）
> **受動態の分詞構文**は〈being ＋過去分詞〉の形だが，通例 being は省略される。
> 分詞を使った慣用表現：generally speaking「概して」，talking of 〜「〜と言えば」 など

1 次の文を書き換えよ。

(1) If you walk this way, you will find the station.
　（　　　　　　）this way, you will find the station.

(2) As he came back home, I was happy.
　（　　　　　）（　　　　　　）back home, I was happy.

(3) When he saw me, he raised his hat.
　（　　　　　　）me, he raised his hat.

(4) As the book is written in simple English, it is easy to read.
　（　　　　　　）in simple English, the book is easy to read.

☆ (5) I didn't know what to say, so I remained silent.
　（　　　　　）（　　　　　　）what to say, I remained silent.

(6) He said good-bye to us and left the room.
　He said good-bye to us, （　　　　　　）the room.

2 次の英語を日本語に直せ。

(1) Having nothing to do, you should help her.

_____

☆ (2) The rain beginning to fall, the game was canceled.

_____

(3) Not knowing what to do, I telephoned the police.

_____

☆ (4) Seen in the distance, the rock looks like a lion.

_____

(5) My garden is small, compared with yours.

_____

☆ (6) Generally speaking, women live longer than men.

_____

24 | Would you mind 〜ing?（〜していただけませんか）

✋ 要点整理

Would you mind waiting a few minutes?
（少し待っていただけませんか。）

> 動名詞を目的語にとる動詞：mind，enjoy，finish，avoid，give up，stop
> remember，forget，try，regret は目的語が to 不定詞か動名詞かで意味が異なる。

1 （　）内から適当なほうを選べ。

(1) 私はいつも映画に行って楽しむ。

I always enjoy (to go / going) to movies.

☆ (2) ここに座らないでいただけませんか。

Would you mind (not to sit / not sitting) here?

(3) 彼はドアの鍵をかけ忘れた。

He forgot (to lock / locking) the door.

(4) メアリーはちょうど家事をし終えたところだ。

Mary has just finished (to do / doing) her housework.

(5) 私は試しに彼女のくつを履いてみた。

I tried (to put / putting) on her shoes.

2 次の英語を日本語に直せ。

(1) The doctor advised him to give up drinking alcohol.

(2) I don't remember seeing that man before.

☆ (3) Remember to take this medicine after dinner.

(4) I'll never forget visiting this museum.

(5) It is cold. Don't forget to wear your coat.

(6) I tried standing on my head, but it gave me a headache.

(7) They tried not to make any noise.

(8) We'll stay indoors until it stops raining.

(9) They stopped to tell us good-bye.

■ notes

2 (6) stand on *one's* head「逆立ちをする」，headache「頭痛」

25 | *be* worth ～ing（～する価値がある）

要点整理

Their music is worth listening **to.**
（彼らの曲は聴く価値がある。）

> 動名詞を使った慣用表現：cannot help ～ing「～せずにはいられない」，There is no ～ing「～することはできない」，feel like ～ing「～したい気がする」，need ～ing「（物が）～される必要がある」，It is no use ～ing「～しても無駄である」，on ～ing「～するとすぐに」など

1 （　）内の語を並べかえて，正しい文にせよ。

(1) その博物館は訪れてみる価値がある。
(worth / the / is / visiting / museum).

_____

(2) 彼がテニスがうまいかどうかはわからない。
(whether / no / there / knowing / is) he is good at tennis.

_____

(3) 私たちは彼の冗談を聞いて笑わずにはいられなかった。
(help / at / couldn't / laughing / we) his jokes.

_____

(4) 何か冷たいものでも飲みたい気がしませんか。
(like / you / having / don't / feel) something cold to drink?

_____

(5) 駅に着くとすぐに，彼は父親に電話をかけた。
(the / at / on / station / arriving), he called his father.

_____

2 次の英語を日本語に直せ。

(1) On hearing the news, she jumped for joy.

_____

☆ (2) It is no use crying over spilt milk.

_____

(3) I can't help admitting my mistakes.

_____

☆ (4) There's no telling what will happen next.

_____

(5) Your hair needs cutting.

_____

☆ (6) She was so upset that she could not help crying.

_____

(7) There is little chance of your getting into serious trouble.

_____

■ notes
2 (2) spilt「こぼれた」　(6) upset「気が動転して」

26 | *be* used to ～ing（～するのに慣れている）

👆 要点整理

I've lived in the country, and I am used to getting up early.
（私は田舎で生活しているので早起きには慣れている。）

> **前置詞の目的語**となる動詞は**動名詞**にする。
> look forward to ～ing「～するのを楽しみに待つ」，*be* fond of ～ing「～するのが好きだ」，
> *be* afraid of ～ing「～するのを恐れる」，*be* proud of ～ing「～するのを自慢する」，
> *be* capable of ～ing「～する能力がある」

1 （　）内の語を並べかえて，正しい文にせよ。

(1) その手の映画は見る気がしない。
(in / not / I / seeing / interested / am) that type of movie.

_____

(2) 私はひとりでいることに慣れてしまった。
(being / got / to / I've / alone / used).

_____

(3) ジェーンは自分で家事をすることにうんざりしている。
(the / tired / Jane / housework / of / is / doing) by herself.

_____

☆ (4) 彼女は自分で何でもすると言ってきかない。
(insists / doing / she / everything / on / herself).

_____

(5) クリスマスにお会いするのを楽しみにしています。
(to / looking / you / I / forward / am / seeing) at Christmas.

_____

2 次の英語を日本語に直せ。

(1) She's afraid of going outside in the dark.

_____

(2) My dog is capable of understanding my words.

_____

☆ (3) He walked away without looking back.

_____

(4) You can avoid accidents by driving carefully.

_____

☆ (5) In spite of starting late, he arrived in good time.

_____

☆ (6) You should study instead of watching TV.

_____

(7) You can be proud of never having been late for school.

_____

27 | 無生物主語構文

🖑 要点整理

This money will *enable* them to live in comfort.
（これだけのお金があれば，彼らは快適に暮らすことができる。）

> **無生物主語**を**副詞的**に訳し，目的語を主語にして日本語に直すとよい。
> 動詞は，make，enable，take，bring，lead，allow，cause などが使われることが多い。
> 書き換え→ *If* they have this *money*, they will be able to live in comfort.

1 （　）内の語を並べかえて，正しい文にせよ。

(1) 雨が降れば芝生が伸びるだろう。
The rain (grow / make / will / the / grass).

_____

(2) 彼女の年齢ではそのコンテストに参加することはできない。
(allow / enter / her / her / doesn't / age / to) the contest.

_____

☆ (3) このバスに乗れば，図書館まで行けますよ。
(to / you / bus / take / this / will) the library.

_____

☆ (4) どうしてその植物は枯れたのですか。
(die / the / caused / to / what / plants)?

_____

(5) 努力の甲斐あって彼は成功することができた。
(successful / led / his / him / be / efforts / to).

_____

2 次の英語を日本語に直せ。

(1) The traffic jam caused him to be late for work.

_____

(2) Letters of support encouraged the mayor to run in the election again.

_____

☆ (3) The bad weather prevented us from going on a picnic.

_____

(4) Good sleep brought me energy.

_____

(5) These pictures always remind me of my happy school days.

_____

(6) What does that notice say? — It says, 'No parking.'

_____

■ notes
2 (1) traffic jam「交通渋滞」 (2) encourage A to 〜「〜するよう A を励ます」，run「（選挙に）出馬する」
(5) remind A of B「A に B を思い出させる」 (6) notice「掲示」

28 | have〔take〕a ＋動作名詞

要点整理

Let me have a look at your new car.
（あなたの新しい車を見せてください。）

> **動詞の名詞形**が，have，take，get，give，make，pay などの動詞といっしょに用いられて動作を表すことができる。
> 動作名詞を形容詞などで修飾することにより，いろいろな表現ができる。
> have a close〔quick，careful〕look at ～「～をじっくり〔すばやく，注意深く〕見る」
> 書き換え→ Let me *look* at your new car.

1 （　）内の語を並べかえて，正しい文にせよ。

(1) ちょっと休憩してはどうですか。
(rest / you / don't / a / take / why) for a while?

_____

(2) 彼女は彼の質問にまったく返答しなかった。
(to / no / gave / she / answer) his questions.

_____

(3) 彼はその機会を最大限利用した。
(use / made / the best / he / of) the opportunity.

_____

(4) 来週あなたの所へうかがいます。
(visit / a / I'll / you / pay) next week.

_____

(5) 私たちは浜辺を少し歩いた。
(short / we / walk / a / took) on the beach.

_____

2 次の英語を日本語に直せ。

(1) He took a brief look at the document.

_____

★ (2) I must make a visit to my dentist this afternoon.

_____

(3) The boys gave a shout of joy when they saw their father.

_____

(4) This pie looks so delicious! Can I have a bite?

_____

(5) We had a long talk about going to London.

_____

(6) Andy is making rapid progress in Japanese.

_____

(7) We have to be careful not to make a wrong decision.

_____

29 | A's ＋動作名詞 / 動作名詞＋ of A

要点整理

We are shocked at his sudden death.
（私たちは，彼が突然亡くなったことにショックを受けている。）

> 〈A's ＋動作名詞〉で「A が～する〔である〕こと」（主格），「A を～すること」（目的格）を表す。
> 書き換え→ We are shocked that *he died suddenly.*（主格）
> children's education「子どもを教育すること」= to *educate children*（目的格）
> このほか，形容詞も名詞化できる：her happiness「彼女が幸せであること」= *she is happy*
> ⇒「彼の突然の死」「子どもの教育」「彼女の幸せ」でも通じるが，意味上の主語や目的語を明確に表すと，わかりづらい文意の英文をきちんと解釈したり，日本語にしづらい英文をうまく和訳したりすることができる。
> 〈動作名詞＋ of A〉も同様で，the sudden death of my grandfather「祖父が突然亡くなったこと」，the education of children「子どもを教育すること」，the happiness of the people「国民が幸せであること」などと表すことができる。

1 次の文を書き換えよ。

(1) The scientist announced his discovery of a new mineral.
　　The scientist announced that (　　　　　) (　　　　　) a new mineral.

☆ (2) I was impressed that she was a good speaker of English.
　　I was impressed that she (　　　　　) (　　　　　) well.

(3) A heavy snow prevented the train from arriving on time.
　　The train didn't arrive on time because it (　　　　　) (　　　　　).

2 次の英語を日本語に直せ。ただし，波線部は，意味上の主語や目的語を明確にして訳すこと。

(1) I have never told anyone about my interest in movies.
_____

(2) I'm hoping for your quick recovery from the illness.
_____

(3) Graham Bell is known for his invention of the telephone.
_____

(4) Due to his repeated absence from work, Mike was fired.
_____

(5) A lot of people seem to believe in the existence of life on other planets.
_____

(6) Cashless payment has achieved rapid development with the wide usage of smartphones.
_____

(7) Cultural diversity makes society stronger in every aspect.
_____

■ notes
1 (1) mineral「鉱物」
2 (3) Graham Bell「グラハム・ベル」 (4) fire「～を解雇する」
(6) cashless payment「キャッシュレス決済」

30 | to *one's* surprise（〜が驚いたことには）

🖑 要点整理

Much to my surprise, they elected me chairman.
（私がたいへん驚いたことに，彼らは私を議長に選んだ。）

> 〈to *one's* ＋感情を表す名詞〉は「〜なことに」の意味で文全体を修飾する。
> to *one's* disappointment「〜が失望したことには」，to *one's* regret「残念なことに」など
> 副詞が文全体を修飾する場合，話し手の気持ちや判断が表される。
> surprisingly「驚くべきことに」，strangely「奇妙なことに」など
> 群前置詞：because of 〜「〜のために」，in spite of 〜「〜にもかかわらず」など

1 次の文を書き換えよ。

☆ (1) She was disappointed that she failed her driving test.

(　　　　　) (　　　　　) (　　　　　　　), she failed her driving test.

(2) It is strange that all the windows were open.

(　　　　　), all the windows were open.

(3) Though it was raining heavily, they went out.

(　　　　) (　　　　　) (　　　　　) the heavy rain, they went out.

2 (　) 内の語を並べかえて，正しい文にせよ。

(1) (joy / his / to / mother's), he won the first prize.

_____

☆ (2) He had an accident (to / his / owing / driving / careless).

_____

(3) (the / to / forecast / according / weather), it will be fine tomorrow.

_____

(4) (to / the / thanks / doctor), I'm well again now.

_____

3 次の英語を日本語に直せ。

(1) The game was called off because of the rain.

_____

(2) We were late on account of the bad traffic.

_____

(3) Possibly, he is looking for us now.

_____

(4) Unfortunately, things went from bad to worse.

_____

☆ (5) To the surprise of everyone, his plan succeeded.

_____

31 | 付帯状況の with

👆 **要点整理**

My son came back with both his hands covered with mud.
（息子は両手を泥まみれにして帰ってきた。）

> 通常，〈with ＋**目的語**＋**形容詞**〔**分詞，前置詞句**〕〉で表される。
> with のあとの名詞とそのあとにある語句を be 動詞で結んで考えてみるとよい。
> → My son came back. Both his hands *were* covered with mud.

1 （　）内の語を並べかえて，正しい文にせよ。

(1) 彼はコートを腕にかけて階下に下りてきた。
He came downstairs (over / his / his / arm / with / coat).

(2) トムは両手をポケットに突っ込んでそこに立っていた。
Tom stood there (his / his / in / with / hands / pockets).

(3) 目を閉じて想像してください。
Please (eyes / with / closed / imagine / your).

(4) 私はドキドキしながら彼を待った。
I (him / heart / for / beating / waited / my / with).

(5) ジーンは足を組んでいすに座っていた。
Jean (her / legs / sat / with / crossed) on the chair.

2 次の英語を日本語に直せ。

(1) He stood with his back against the door.

(2) He went to sleep with a newspaper over his face.

(3) The man tried to find the way to escape with his brain working.

☆ (4) I slept with the window slightly open last night.

(5) My cat ran away with the toy in her mouth.

(6) He took part in the game with his leg injured.

☆ (7) He was sitting in the dark with the light off.

32 | thank ～ for ...(…のことで～に礼を言う)

👆 要点整理

The old lady thanked me for helping her.
（手伝ってあげたので，その老婦人は私に礼を言った。）

> 前置詞は意味の上から**時・場所・方向・手段・原因・結果・目的・材料**などを表すものに分類できる。同一の前置詞でもさまざまな意味を持つ。
> よく使われる前置詞には at，by，for，from，in，of，on，to，with がある。
> 〈動詞＋前置詞〉の慣用句：do with ～「～を処理する」，run into ～「～にぶつかる」，
> feel like ～「～したい気がする」，take after ～「～に似る」 など

1 （　）に適当な前置詞を入れよ。

☆ (1) 父は仕事でたびたび外国に行く。

My father often goes abroad (　　　　　) business.

(2) 彼女は私のペンでその手紙を書いていた。

She was writing the letter (　　　　) my pen.

(3) この町はその美しい景色で有名だ。

This town is famous (　　　　　) its beautiful scenery.

☆ (4) すぐにうかがいます。

I'll be with you (　　　　　) a moment.

(5) 先生は壁にかかった時計を見た。

The teacher looked at the clock (　　　　　) the wall.

(6) いてつく天候は水を凍らせる。

Freezing weather turns water (　　　　　) ice.

(7) 消費税には賛成ですか，それとも反対ですか。

Are you for or (　　　　　) the sales tax?

2 次の英語を日本語に直せ。

(1) He jumped over the wall with ease.

_____

(2) My mother cares for tea, but not coffee.

_____

(3) The police decided to look into the accident again.

_____

☆ (4) What are you going to spend this money on?

_____

(5) I'm sorry for forgetting the tickets.

_____

(6) I stayed three nights with my uncle in Paris.

_____

(7) Is anyone coming besides John?

_____

33 | so〔such〕〜 that ...（とても〜なので…である）

月　　日
解答 ▶ 別冊p.8

🖑 要点整理

John is so tall that he can touch the ceiling.
（ジョンはとても背が高いので，天井に手が届く。）

> so のあとには**形容詞**または**副詞**，such のあとには**名詞**がくる。that が省略されることもある。
> that 以下は時制の一致を受ける。
> so that 〜 may〔can，will〕... 「…するために」は**目的**を表す。

1 （　）内の語を並べかえて，正しい文にせよ。

(1) She (couldn't / that / looked / we / tired / so) talk to her.

_____

★ (2) The scientist is (easy / that / was / so / it / clever) for him to solve the problem.

_____

(3) He was (runner / that / a / such / good) I couldn't catch him.

_____

★ (4) America is (a / country / that / big / such) it has several time zones.

_____

(5) Speak loudly (hear / that / can / you / I / so).

_____

2 次の文を書き換えよ。

(1) The box is too heavy for her to carry.
　　The box is (　　　　　) heavy (　　　　　) she (　　　　　) carry it.

(2) This book was easy enough for me to read.
　　This book was (　　　　　) easy I (　　　　　) read it.

(3) She walked quietly so as not to disturb him.
　　She walked quietly (　　　　　)(　　　　　) she (　　　　　) not disturb him.

3 次の英語を日本語に直せ。

(1) She was in such a hurry that she forgot her coat.

_____

(2) This food is so salty I can't eat it.

_____

(3) She has so much money that she can buy whatever she wants.

_____

(4) He got up so late that he missed the bus.

_____

(5) You should be honest so that everyone can trust you.

_____

★ (6) We decided to leave early so that we wouldn't get home late.

_____

34 | either A or B（AかBのどちらか一方）

🖑 要点整理

You can either go swimming or play tennis.
（あなたは泳ぎに行ってもよいし，テニスをしてもよい。）

> neither A nor B「AもBもどちらも〜ない」
> not only A but (also) B = B as well as A「AだけでなくBも」
> not A but B「AではなくB」
> これらが主語になるとき，それに続く動詞の形はBに合わせる。
> both A and B「AとBの両方とも」は複数扱い。

1 （　）内の語を並べかえて，正しい文にせよ。

(1) 私の父はタバコを吸わないし，酒も飲まない。
(nor / neither / smokes / drinks / my father).

_____

(2) 彼女はおもしろいだけでなく，とても聡明だ。
(not / but / she / wise / also / fun / is / only / very).

_____

(3) 私は英語だけでなくフランス語も習っている。
(English / French / learning / I / as / am / as / well).

_____

(4) 彼はロンドンかパリのどちらかにいる。
(in / in / Paris / London / he / is / either / or).

_____

2 次の文を書き換えよ。

☆ (1) Margaret wasn't there, and John wasn't there, either.
(　　　　　　) Margaret (　　　　　　) John was there.

(2) Not only they but also I am interested in music.
(　　　　　) as well as (　　　　　　) am interested in music.

3 次の英語を日本語に直せ。

(1) I've lived in London as well as in New York.

_____

(2) He works hard not for himself but for his family.

_____

☆ (3) Either he or his parents are going to wait for me to arrive.

_____

(4) He was not only a writer but an actor.

_____

(5) Neither of the boys passed the examination.

_____

35 | as〔so〕long as ～（～であるかぎりは，～でありさえすれば）

要点整理

You can stay here as long as you don't make a noise.
（騒がなければ，ここにいてもいいよ。）

> as〔so〕long as ～「～であるかぎりは，～する間」→ 時間・条件を示す。
　as〔so〕far as ～「～まで，～の及ぶかぎり」→ 距離・条件・限界を示す。
> as soon as ～「～するとすぐに」
> 〈hardly〔scarcely〕A 節（過去完了）＋ when〔before〕B 節（過去）〉「A したらすぐに B した」
　＝〈no sooner A 節（過去完了）＋ than B 節（過去）〉
　この構文は否定語（句）が文頭にきた場合，過去完了形は倒置される。

1 （　）に適語を入れて英文を完成させよ。

(1) 私の知るかぎりでは，彼は肉を食べない。

　He doesn't eat meat （　　　　　）（　　　　　）（　　　　　） I know.

(2) きみは，いたいだけここにいてもいいよ。

　You may stay here （　　　　　）（　　　　　）（　　　　　） you want to.

(3) 彼女が家に着くなり，私は彼女を叱った。

　（　　　　　）（　　　　　）（　　　　　） she got home, I scolded her.

☆ (4) 私たちが出かけるとすぐに雨が降りだした。

　（　　　　　） had we started （　　　　　） it began to rain.

(5) 私が眠りにつくかつかないかのうちに，電話が鳴った。

　I had no （　　　　　） fallen asleep （　　　　　） the telephone rang.

2 次の英語を日本語に直せ。

(1) You can use my bicycle so long as you bring it back soon.

_____

☆ (2) As far as the quality is concerned, these products are perfect.

_____

(3) There was no one in the room as far as I saw.

_____

(4) As soon as the schedule is decided, I'll let you know.

_____

(5) She had hardly seen me when she started to complain.

_____

(6) Scarcely had the game begun when it started to rain.

_____

☆ (7) No sooner had he taken his vacation than he became ill.

_____

■ notes
2 (2) as far as A *be* concerned「Aに関するかぎり」, quality「品質」

36 | 同格を表す that

要点整理

I heard the news that he would move to America.
（私は彼がアメリカに引っ越すという知らせを聞いた。）

> 〈名詞＋ that ＋ S ＋ V 〜〉で「〜という…（名詞）」という意味。この that はほとんど省略されない。
> 同格の that が続く名詞：news，fact，idea，rumor，belief，conclusion，possibility など

1 （　）内の語を並べかえて，正しい文にせよ。

(1) 彼らは一緒に行こうという私の提案に乗り気だった。
They were thrilled with (that / go / suggestion / together / my / we).

(2) 私たちは，データが間違っているという可能性を真剣に考えなければならない。
We must seriously contemplate (incorrect / possibility / is / that / data / the / the).

(3) 彼女には，自分が場違いな所にいるという不安がまったくないようだ。
She seems (anxiety / is / have / no / she / to / that) out of place.

(4) いくらか強硬な措置が必要だというきみの意見に同感だ。
I agree with (needed / that / your / some / actions / are / strong / view).

☆ (5) 私が人生で多くの幸運に恵まれたことに疑いの余地はない。
(had / I / there / doubt / luck / that / a lot of / no / is) in my life.

2 次の英語を日本語に直せ。

(1) There's a rumor that you are getting married next month.

☆ (2) I could not believe the fact that she didn't speak English at all.

(3) The belief that the earth was flat was considered as the truth in the past.

(4) George had absolute confidence that he would succeed in his new job.

(5) We came to the conclusion that Japan is one of the best places to live in in Asia.

(6) Emily tried to look happy without giving any sign that she was sad.

■ notes
2 (4) absolute「絶対の」　(6) sign「素振り」

37 | as ～ as possible (できるだけ～)

🖐 要点整理

Please come back as **early** as possible.
（できるだけ早く戻って来てください。）

> 書き換え→ Please come back as early as *you can*.
> not as〔so〕～ as ... 「…ほど～ではない」
> X times as ～ as ... 「…のX倍～」
> the same ～ as ... 「…と同じ～」

1 （　）内の語を並べかえて，正しい文にせよ。

☆(1) 私はパリではできるだけ少ししかお金を使わなかった。
I spent (little / as / money / as / possible) in Paris.

_____

(2) 私の机はこの机の2倍の大きさです。
My (as / as / large / desk / this / is / twice / one).

_____

(3) きみの家は私が思っていたほど近くではないね。
Your house is (near / I / so / as / not / thought).

_____

☆(4) この家はあの家と同じ大きさだ。
This house is (the / that / size / as / same / one).

_____

2 次の文を書き換えよ。

(1) Peter doesn't eat as much as John.
John eats (　　　　　　) (　　　　　　) Peter.

(2) My feet are the same length as yours.
My feet are (　　　　　) (　　　　　) (　　　　　) yours.

(3) We ran and ran as fast as possible.
We ran and ran as fast as (　　　　　) (　　　　　).

3 次の英語を日本語に直せ。

☆(1) There were three times as many visitors as we had expected.

_____

(2) She had a friend who was half as old as she was.

_____

(3) Riding a horse is not as easy as riding a bicycle.

_____

(4) He can't run as fast as he could.

_____

38 | The ＋比較級, the ＋比較級(～すればするほどますます…)

要点整理

The earlier you start, the sooner you'll be back.
(早く出発すればするほど早く戻れる。)

> 〈比較級＋ and ＋比較級〉「だんだん～」
> 〈(all) the ＋比較級＋ for〔because〕A〉「Aだからいっそう～」
> 〈the ＋比較級＋ of the two ～〉「2つの～のうち，より…」

1 ( )に適語を入れて英文を完成させよ。

(1) 長く働けば働くほど稼ぎも増える。
The ( ) you work, the ( ) you get.

☆ (2) 練習量が増えれば増えるほど上手になる。
The ( ) you practice, the ( ) you will play.

(3) 彼は怖かったので，だんだん歩みを速めた。
Because he was afraid, he walked ( ) and ( ).

(4) 彼が率直なために，彼女は彼がいっそう好きである。
She likes him ( ) better ( ) his frankness.

(5) 仕事を見つけるのがだんだん難しくなりつつある。
It's getting ( ) and ( ) difficult to find jobs.

(6) 私の弟はふたりの少年のうち背の高いほうだ。
My brother is ( ) ( ) of the two boys.

2 次の英語を日本語に直せ。

(1) The more you eat, the fatter you will get.

(2) The smaller a garden is, the easier it is to look after.

☆ (3) The more money you spend, the less you can save.

(4) I want to eat this cake all the more because you made it.

(5) My grandfather is getting more and more forgetful.

☆ (6) People are becoming less and less willing to communicate with neighbors.

(7) Of the two brothers, John is the more dependable.

(8) The darker it grew, the colder it became.

39 | 比較級＋ than any other ～（ほかのどの～よりも…である）

🖐 要点整理

He runs faster than any other student in his class.
（彼はクラスの中でどの生徒よりも足が速い。）

> **比較級**または**原級**を使って**最上級の意味**を表すことができる。
> 書き換え①→ *No other* student in his class runs *faster than* he.（比較級）
> 書き換え②→ *No other* student in his class runs *as〔so〕fast as* he.（原級）
> 〈as ＋原級＋ a〔an〕＋名詞＋ as ever ＋過去〔完了形〕〉「これまで～したどれにも劣らず」

１ （　）内の語を並べかえて，正しい文にせよ。

(1) Hydrogen is (element / than / any / lighter / other).

_____

(2) (anybody / Tom / else / than / works / harder) in our class.

_____

(3) (is / valuable / more / there / nothing) than time.

_____

(4) (other / higher / is / no / in / mountain / Japan) than Mt. Fuji.

_____

(5) (better / you / than / nobody / knows) your mother.

_____

(6) He is (singer / great / as / as / a) ever lived.

_____

２ 次の文を書き換えよ。

(1) Health is the most important of all.
　（　　　　　）is（　　　　　）important than health.

☆ (2) Nothing is as exciting a sport as football.
　Football is（　　　　　）exciting than（　　　　　）（　　　　　）sport.

☆ (3) Mike is the tallest boy in the class.
　（　　　　　）（　　　　　）boy in the class is（　　　　　）than Mike.

３ 次の英語を日本語に直せ。

(1) They hope for peace more than anything else.

_____

(2) No other man in the village works so hard as Jack.

_____

☆ (3) This is as interesting a novel as I have ever read.

_____

(4) Alaska is bigger than any other state in the United States.

_____

(5) Nothing pleases him more than a quiet day in the country.

_____

40 | no more 〜 than ...（…同様〜ではない）

要点整理

This problem is no more difficult than the other one.
（この問題は，もうひとつの問題同様，難しくない。）

> no less 〜 than ... 「…に劣らず〜」
> no more than 〜 「わずか〜」（= only）
> no less than 〜 「〜ほどもたくさん」（= as much〔many〕as 〜）
> 〈less ＋原級＋ than ...〉「…ほど〜ではない」（= not as〔so〕〜 as ...）
> much more〔less〕〜 「まして〜などなおさら…だ〔でない〕」

1 （　）に適語を入れて英文を完成させよ。

☆ (1) 鯨が魚でないのは馬が魚でないのと同じだ。（鯨は絶対に魚ではない。）
　　 A whale is （　　　　　）（　　　　　） a fish （　　　　　） a horse is.

(2) 彼女は姉同様に頭がいい。
　　 She is （　　　　　）（　　　　　） intelligent （　　　　　） her sister.

(3) 彼は私に 100 ドルもの大金をくれた。
　　 He gave me （　　　　　）（　　　　　） than one hundred dollars.

(4) 私たちはわずか 10 マイルしか歩かなかった。
　　 We walked （　　　　　）（　　　　　）（　　　　　） ten miles.

(5) フランスでは，野球はサッカーほど人気がない。
　　 Baseball is （　　　　　）（　　　　　） than football in France.

2 次の英語を日本語に直せ。

(1) I have no more knowledge of the matter than he.
　　　　　　　　　　　　　　　　　　　　　　　　　　　

☆ (2) He is not so much a doctor as a novelist.
　　　　　　　　　　　　　　　　　　　　　　　　　　　

(3) All the passengers were more or less wounded in the accident.
　　　　　　　　　　　　　　　　　　　　　　　　　　　

☆ (4) A dolphin is no less a clever animal than a dog is.
　　　　　　　　　　　　　　　　　　　　　　　　　　　

☆ (5) Personal computers are less expensive than they were twenty years ago.
　　　　　　　　　　　　　　　　　　　　　　　　　　　

(6) She ate no more than a slice of bread for breakfast.
　　　　　　　　　　　　　　　　　　　　　　　　　　　

(7) It is difficult to understand his books, much more his lecture.
　　　　　　　　　　　　　　　　　　　　　　　　　　　

(8) I can't speak Spanish, much less Greek.
　　　　　　　　　　　　　　　　　　　　　　　　　　　

■ notes
2 (2) not so much A as B 「AというよりむしろB」 = B rather than A

41 | **not ～ all〔every〕**（すべてが～とはかぎらない）

要点整理

All birds have wings, but not all birds can fly.
（鳥にはすべて羽があるが，鳥という鳥がすべて飛べるとはかぎらない。）

> 部分否定：〈not + all〔every，always，both〕〉で「すべてが〔どれもが，いつも，両方ともが〕
～とはかぎらない」という意味になる。
> 全否定：not ～ at all「まったく～ない」，not ～ any「どれも～ない」，nothing「何も～ない」，
neither「どちらも～ない」など
> few〔little〕に冠詞の a がつかないと，否定に重点を置いて「ほとんど～ない，少ししか～ない」
の意味になる。a がつくと「少しはある」という肯定の意味になる。not〔quite〕a few〔little〕は
「少なからぬ，かなり多くの」の意味になる。

1 （　）に適語を入れて英文を完成させよ。

(1) 私は日曜日にいつも家にいるとはかぎりません。

I'm (　　　　　)(　　　　　　) at home on Sunday.

☆ (2) すべての乗客がけがをせずに脱出できたわけではなかった。

(　　　　　)(　　　　　　) of the passengers escaped unhurt.

(3) 両親は私のことをちっとも理解してくれない。

My parents don't understand me (　　　　　)(　　　　　).

(4) 彼が病気だったことを知っている友人はほとんどいなかった。

(　　　　　　) of his friends knew that he had been sick.

(5) 彼が回復する見込みはほとんどない。

There is (　　　　　) hope of his recovery.

2 次の英語を日本語に直せ。

(1) Such things do not happen every day.

_____

(2) Not all food is good for your health.

_____

(3) He doesn't listen to any kind of music.

_____

(4) Big men are not necessarily strong.

_____

(5) Many of us tried but very few succeeded.

_____

☆ (6) I spent quite a few years of my life there.

_____

(7) None of my family can drive a car.

_____

(8) You had better not have both a coffee and a beer.

_____

42 | never〔not〕... without ～ing (…すると必ず～する)

👆 要点整理

I never clean the room without opening the windows.
（私は部屋をそうじするときは必ず窓を開ける。）

> 二重否定：「…すると必ず～する」という意味の**強い肯定**になる。
> 書き換え→ *Whenever* I clean the room, I open the windows.
> cannot〔can't〕... too ～ / cannot〔can't〕～ enough「いくら～してもしすぎることはない」
> never fail to ～「必ず～する」
> nothing but ～「～にすぎない，～しかない」，anything but ～「決して～ではない」
> 〈the last ＋名詞＋ to ～〉「決して～しない…」

1 （　）内の語を並べかえて，正しい文にせよ。

(1) エリーのことを思い浮かべると，必ず彼女のあどけない笑顔を思い出す。
(never / without / Ellie / I / remembering / of / think) her innocent smile.

_____

☆ (2) あなたは健康にいくら注意してもしすぎることはない。
(too / can't / of / you / careful / be) your health.

_____

(3) 結果は全然満足すべきものではなかった。
The result (but / was / satisfactory / anything).

_____

(4) 彼は寝る前に必ず本を読む。
(fails / a book / he / read / to / never) before going to bed.

_____

(5) 彼女は決して約束を破る人ではない。
She (person / break / the / is / her word / last / to).

_____
_____

2 次の英語を日本語に直せ。

(1) You can never watch this movie without laughing out loud.

_____

(2) That girl is nothing but my daughter.

_____

(3) Never fail to call me when you get home.

_____

(4) We cannot praise him enough for his success.

_____

(5) Tom is anything but a coward.

_____

☆ (6) Their marriage is the last thing to surprise me.

_____

43 | no matter how 〜（たとえどんなに〜であっても）

要点整理

He never gets tired, no matter how little he sleeps.
（睡眠時間がどんなに短くても，彼は決して疲れない。）

> 〈no matter ＋疑問詞〉で「たとえ〜でも」という**譲歩**の意味を表す。
> no matter what / who / when / where / how 〜「たとえ何が〔を〕/ だれが〔を〕/ いつ / どこで / どんなふうに〜であっても」
> 書き換え→ He never gets tired, *however* little he sleeps.

1 （　）に適語を入れて英文を完成させよ。

(1) あなたが何とおっしゃっても，私はあなたの言うことを信じません。
（　　　　）（　　　　　）（　　　　　　） you say, I won't believe you.

☆(2) この町はいつ来てもにぎやかだ。
This town is busy （　　　　）（　　　　）（　　　　） I visit.

(3) あなたがどこへ行こうとも，ついて行くつもりです。
I'll follow you （　　　　） you go.

(4) だれが電話をかけてきても，私はいないと言ってくれ。
（　　　　　　） telephones, tell them I'm out.

(5) 彼はどんなにたくさん食べても太らない。
（　　　　　　） much he eats, he never gets fat.

(6) どんなふうにこの問題を解決しようとしても，正しい答えが見つからない。
（　　　　）（　　　　）（　　　　　　） I try to solve this problem, I can never find the
right answer.

2 次の英語を日本語に直せ。

(1) However often I tried, I could not find the answer.
_____

(2) No matter what happens, I'll still have trust in you.
_____

(3) I don't believe that story no matter who tells it.
_____

(4) Whichever side wins, I shall be satisfied.
_____

(5) No matter how many times we fail, we'll never give up.
_____

☆(6) Don't change your mind, whatever happens.
_____

(7) Whenever you come, you'll be welcome.
_____

☆(8) No matter how long it takes, I'm going to finish this project.
_____

44 | 関係代名詞・関係副詞

☞ 要点整理

I have two sisters, who live in New York.
（私には姉〔妹〕がふたりいて，彼女たちはニューヨークに住んでいる。）

> 関係代名詞の前にコンマがある**継続用法**では，〈接続詞＋代名詞〉の働きをして**先行詞を補足説明**している。
> 書き換え→ I have two sisters, *and they* live in New York.
> 関係副詞は〈前置詞＋関係代名詞〉の働きをする。先行詞が時を示す語のときは when，場所を示す語のときは where，the reason のときは why が使われる。
> how の先行詞は the way だが，the way how の形で使うことはなく，how S V または the way S V の形で使う。

1 次の各文の（　）に適当な関係代名詞または関係副詞を入れよ。

(1) I got married to Tom, (　　　　　　) gave me the happy life.

☆ (2) It was raining all day, (　　　　　　) kept us indoors.

(3) He is the bravest man (　　　　　　) ever lived.

(4) The people (　　　　　) I work with are very friendly.

(5) The small town (　　　　　) I was born is now a big city.

(6) Is there a reason (　　　　　) you can't come?

(7) The time (　　　　) he will arrive is not known.

(8) He has a wide perspective. I like (　　　　　) he sees things.

(9) The small town in (　　　　　) I was born is near here.

(10) She was born in May. This is (　　　　　) she was named "Satsuki."

2 次の英語を日本語に直せ。

(1) Tom, who has been driving all day, is very tired.

_____

☆ (2) He started eating junk food, which made him gain weight.

_____

☆ (3) The girl I spoke to comes from Spain.

_____

(4) Yesterday I was running in the park, where I met your father.

_____

(5) There is no reason why you should stay here.

_____

(6) My nephew reminds me of the days when I was a small boy.

_____

(7) He got a new camera, on which he spent all his money.

_____

(8) The experiences you had in the past can influence the way you make your decisions.

_____

45 | what を使ったいろいろな表現

🖐 要点整理

I couldn't understand what he was saying.
（私には彼の言っていることが理解できなかった。）

> 関係代名詞 what は**先行詞を含む関係代名詞**で，the thing(s) which と同じである。
> what を用いた慣用表現：what we call〔what is called〕「いわゆる」，what is more「さらに」，what is better「さらによいことに」，what is worse「さらに悪いことに」，what I am「現在の私」など

1 （　）内の語を並べかえて，正しい文にせよ。

(1) 彼が私の誕生日にくれたものを見ましたか。
　　Did you see (for / he / what / my / gave / birthday / me)?

_____

☆ (2) 私に必要なのは，ぐっすり眠ることだ。
　　(sleep / a / need / what / is / I / good).

_____

(3) 私たちの関係は以前とはまったく異なる。
　　Our relationship is quite (what / be / different / used / from / it / to).

_____

(4) 空気と人間の関係は水と魚の関係に等しい。
　　Air is to us (is / fish / water / what / to).

_____

(5) 私は，いわゆるクラシック音楽にあまり興味がない。
　　I don't have much interest (called / what / music / is / in / classical).

_____

2 次の英語を日本語に直せ。

☆ (1) What really matters is your efforts.

_____

(2) I don't agree with what you've just said.

_____

(3) This dish tastes good and, what is more, it is healthy.

_____

(4) What with singing and joking, the time passed quickly.

_____

(5) It got dark and, what is worse, it began to rain.

_____

☆ (6) I owe what I am now to my parents.

_____

■ notes

2 (1) matter「重要である」　(6) owe A to B「A は B のおかげである」

46 複合関係詞

要点整理

Whoever arrives early must wait.
（早く到着した人はだれでも待たなければならない。）

> whoever(= anyone who)，whichever(= either that)，whatever(= anything that)，whenever(= at any time when)，wherever(= at any place where)のように -ever がついた関係詞を複合関係詞という。**先行詞を含んだ関係詞**で，「どんな人／物／時／場所でも」の意味になる。

1 （　）内の語を並べかえて，正しい文にせよ。

(1) 窓を壊した人はだれでも弁償しなくてはいけない。
(broke / the / pay / whoever / window / must) for it.

_____

(2) やりたいと思うことをやっていいですよ。
(whatever / can / do / like / you / you).

_____

☆ (3) 都合のいいときにいつでも来てください。
Please (for / whenever / you / is / convenient / come / it).

_____

(4) ノラはどこに行っても写真を撮っては SNS に投稿する。
Nora takes pictures and (SNS / goes / on / wherever / them / she / posts).

_____

(5) どちらでも好きな帽子をあげるよ。
I'll (like / you / you / give / hat / whichever).

_____

2 次の英語を日本語に直せ。

☆ (1) Whoever does something wrong is punished in the end.

_____

(2) We will employ whoever is willing to work hard.

_____

(3) She can make friends with whoever she meets.

_____

(4) He does whatever he feels like doing.

_____

(5) Whatever information you get from him can never be taken seriously.

_____

(6) We can start whenever you're ready.

_____

(7) Whenever I see her, she talks about her daughter.

_____

☆ (8) I will drive you wherever you want to go.

_____

47 | 仮定法過去（もし〜ならば…であろう）

要点整理

If she were still alive, she would be a hundred years old today.
（もし彼女が生きていれば，今日で 100 歳になる。）

> **「現在」の事実と反対の仮定や願望**を表す。例文は She *is not* alive, *so* she *is not* a hundred years old today. が事実で，これを仮定法を使って表現したものである。
> 〈If ＋**主語**＋**過去形**，**主語**＋ would〔should，could，might〕＋動詞の原形〉
> 〈I wish ＋**主語**＋**過去形**〉「〜ならいいのに」
> 〈as if〔though〕＋**主語**＋**過去形**〉「まるで〜であるかのように」
> 仮定法過去では be 動詞は主語に関係なく were がよく使われる。

1 （　）に適語を入れて英文を完成させよ。

(1) もし私があなただったら，そんなばかなことはしないよ。

　　If I (　　　　　) you, I (　　　　　) do such a silly thing.

(2) 太陽がなければ，すべての生き物は死んでしまう。

　　(　　　　　) the sun, all living things (　　　　　) die.

(3) きみの所まで飛んで行けたらいいのに。

　　I (　　　　　) I (　　　　　) fly to you.

(4) 彼は私をまるで子ども扱いする。

　　He treats me (　　　　　) (　　　　　) I (　　　　　) a child.

2 次の文を書き換えよ。

(1) He is sick, so he can't go out.

　　If he (　　　　　) not sick, he (　　　　　) go out.

(2) I am sorry you couldn't come with me.

　　I (　　　　　) you (　　　　　) come with me.

☆ (3) We can't go to the island because we don't have a boat.

　　We (　　　　　) go to the island if we (　　　　　) a boat.

3 次の英語を日本語に直せ。

(1) You would be surprised if you saw a dragon in real life.

_____

(2) I wish there were more people like you in this world.

_____

(3) It seemed to the anxious girl as if the night would never end.

_____

(4) What would you do in my position?

_____

☆ (5) If it were not for water, no plant could grow.

_____

48 | 仮定法過去完了 (もし～だったら…だったろうに)

📌 要点整理

If you had arrived ten minutes earlier, you would have got a seat.
（もしあなたが 10 分早く到着していれば，席がとれたのに。）

> ＞ 「過去」の事実と反対の仮定や願望を表す。例文は You *did not* arrive ten minutes earlier, *so* you *did not* get a seat. が事実で，これを仮定法を使って表現したものである。
> ＞〈If ＋主語＋過去完了，主語＋ would〔should，could，might〕have ＋過去分詞〉
> ＞〈I wish ＋主語＋過去完了〉「～だったらよかったのに」
> ＞〈as if〔though〕＋主語＋過去完了〉「まるで～だったかのように」

1 （　）に適語を入れて英文を完成させよ。

(1) もっとお金があったら，それを買えたのに。

　　If I (　　　　　) (　　　　　) more money, I could (　　　　　) (　　　　　) it.

(2) きみが時間を無駄にしていたら，ぼくが叱られるところだったよ。

　　I would (　　　　　) (　　　　　) scolded if you (　　　　　) (　　　　　) time.

(3) 祖父母にもっとやさしくしておけばよかったなあ。

　　I wish I (　　　　　) (　　　　　) kinder to my grandparents.

(4) 彼女はまるでだれかを永遠に失ったかのように悲しんだ。

　　She felt sad as if she (　　　　　) (　　　　　) someone forever.

2 次の文を書き換えよ。

(1) Because I didn't hurry, I missed the train.

　　If I (　　　　　) (　　　　　), I could (　　　　　) caught the train.

☆ (2) I am sorry you didn't watch our game.

　　I wish you (　　　　　) (　　　　　) our game.

(3) As he helped us, we finished this job.

　　We (　　　　　) never (　　　　　) (　　　　　) this job (　　　　　) his help.

3 次の英語を日本語に直せ。

(1) If I had known the answer, I should have told you.

　　_____

(2) More effort might have made you succeed.

　　_____

☆ (3) If it had not been for your support, I would not have become a doctor.

　　_____

(4) I wish I hadn't refused your offer at that time.

　　_____

☆ (5) He talked about the accident as if he had been there himself.

　　_____

49 | 強調構文 It is 〜 that ...

要点整理

It was *because he was sick* that we decided to return.
（私たちが引き返すことにしたのは，彼が病気だったからだ。）

> It is の次にくる語句や節を**強調**する構文で，例文では because he was sick が強調されている。
  強調構文は，It is と that を取り除いた語句で文が成立するのが特徴である。
> that が関係代名詞の who や関係副詞の when などになることもある。
> 肯定文の動詞の前に do〔did〕をつけると，「本当に，実際に」などの意味が付加され肯定を強調することができる。
> on earth を wh- 疑問文といっしょに使うと，「いったいぜんたい」の意味で疑問を強調する。

1 （　）内の語を並べかえて，正しい文にせよ。

(1) 私がきみたちに読んでほしいのはこの本だ。
(that / you / I / book / it's / want / this) to read.

_____

(2) いったい何をやっているのですか。
(doing / what / you / on / are / earth)?

_____

★ (3) 彼が来るときみに言ったのは，いったいだれだい。
(was / you / who / it / told / that) he was coming?

_____

(4) ぼくは自分の状況をよくわかってるよ。
(situation / I / know / do / my).

_____

2 強調構文を使って，下線部の語句を強調する文に直せ。

(1) You saw my sister, not my mother there.

_____

(2) I heard the news by chance.

_____

(3) You taught me how to enjoy my life.

_____

3 次の英語を日本語に直せ。

(1) It was on Saturday evening that the party took place.

_____

(2) Many people did witness the incident.

_____

★ (3) It was not until yesterday that we learned the truth.

_____

(4) It was not I but my sister who spoke to you on the phone.

_____

50 | So ＋ be 動詞〔助動詞〕＋ 主語 (〜もそうだ)

要点整理

Butter is *made from milk*. So is cheese.
（バターは牛乳から作られる。チーズもそうだ。）

> 前の文を受けて「〜も同じく…」を表す so, neither, nor は，文頭に置かれて主語が倒置される。前の文が否定文のときは neither または nor を用いる。
> 例文の So is cheese. は Cheese is also *made from milk*. を意味する。
> 〈副詞句＋ V ＋ S〉は強調の働きをする。ただし，主語が代名詞の場合は倒置されない。
> Here comes *Claire*.（ほらクレアが来た。）→ Here *she* comes.
> 否定を表す副詞を文頭に置くと，主語が代名詞であっても倒置される。

1 （　）に適語を入れて英文を完成させよ。

(1) エマは読書が好きだし，彼女の弟もそうだ。
　　Emma likes to read, and (　　　　　) (　　　　　) her brother.

(2)「ロバートは試験に受かったよ。」「すごい！　アンも受かったんだよ。」
　　"Robert passed the exam." "Great! (　　　　　) (　　　　　) Anne."

(3)「今日は外出しなかった。」「ぼくも。」
　　"I didn't go out today." "(　　　　　) (　　　　　) I."

☆ (4) 彼らはきみを支援するつもりだし，それはぼくも同じだ。
　　They're going to support you, and (　　　　　) (　　　　　) I.

(5) その泥棒を追って，警官は階段を駆け上がった。
　　Up the stairs (　　　　　) the policeman after the thief.

(6) 私はインドには一度も行ったことがない。
　　Never (　　　　　) I (　　　　　) to India.

2 次の英語を日本語に直せ。

(1) Lucy is very clever, and so is her sister.
_____

(2) My husband doesn't like horror movie at all, and neither do I.
_____

(3) John never intended to violate the law, nor did he intend to cheat anyone.
_____

(4) The next day the bus tour around the island continued, but so did the rain.
_____

☆ (5) If you don't go, neither will I.
_____

(6) On the top of the hill stands a church.
_____

(7) Little did I imagine that he would be an actor.
_____

1 次の日本文の意味に合うように，（　）内の語を並べかえよ。

(1) 彼のプロジェクトを救う方法があるはずだと思うのだが。 [(1)・(2) 中央大]
I (be / a way / save / to / there / should / suppose) his project.

(2) あなたがこの計画の重要性に気づくには，数か月かかるかもしれません。
(take / realize / you / might / it / months / to) the importance of this project.

(3) 親は，子どもの生活で何が起こっているかに気をつけているべきだ。 [(3)・(4) 金沢工業大]
Parents (happening / in / is / of / aware / should / what / be) their children's lives.

(4) しっかりとしたバックアッププランがあれば，ミスを犯しても，すぐに復元するのに役立つ。
(a / backup / can / good / having / help / plan / you) recover quickly from mistakes.

(5) 私の故郷は，10年前の姿ではない。 [札幌大]
My home town (years / was / is / what / not / ten / it) ago.

(6) 会えばいつも彼のことを思い出してしまう。 [(6)〜(8) 東京理科大一改]
We (reminded / without / of / being / meet / never) him.

(7) 彼が有罪と判決されたのは，本当なのだろうか。
Can (be / found / guilty / he / it / that / true / was)?

(8) それほど本当の民主主義からほど遠いものはない。
Nothing (be / could / from / democracy / further / than / that / true).

(9) 彼のお金のおかげで，私たちは好きなだけ旅行ができた。 [(9)・(10) 福岡大一改]
His money (us / travel / as / as / to / enabled / much) we wanted.

(10) 一部の人がいかに強くその計画に反対しようとも私たちはそれを行わねばならない。
We should do it (strongly / how / matter / are / against / no / some) the plan.

(11) これは多くの数学者が答えを見つけようと試みてきた問題である。 [(11)・(12) 関西学院大一改]
This is a problem (to / have / to / many / mathematicians / the answer / find / tried).

(12) 誤った情報を広げないために，その発言が正しいかどうか確認する必要がある。
We need to check whether the statements (true / to / order / or not / not / false / are / in / spread) information.

2 次の英文の下線部を日本語に直せ。

(1) I'd begun to feel frustrated with my earlier attempts to write about India. <u>I felt as if I had been writing about the country too much from the perspective of an outsider.</u> 〔同志社大〕

(2) Today we have discovered a powerful and elegant way to understand the universe, a method called science; <u>it has revealed to us a universe so ancient and vast that human affairs seem at first sight to be of little consequence.</u> We have grown distant from the Cosmos — it has seemed remote from everyday concerns. 〔熊本大〕

(3) <u>We do not know how art began any more than we know how languages started.</u> If we take art to mean such activities as building temples and houses, making pictures and sculptures, or weaving patterns, there is no people in all the world without art.〔京都工芸繊維大〕

(4) People move to different places or countries for various reasons. It is important to note that migration has its own positive and negative outcomes. Furthermore, <u>since migration will be unavoidable even in the future, it is vital that continuous efforts are made for improving migrants' situations all over the world.</u> It will, undoubtedly, facilitate migrants having a productive and valuable life in their newly found homes. 〔北海道大〕

(5) Research has shown that people who skip breakfast actually end up consuming more calories throughout the day. <u>You are more likely to be over-hungry by lunch time, causing you to eat more calories and probably less healthy food.</u> And if you don't eat in the morning after sleeping for several hours, your body starts to prepare for possible starvation. 〔大阪学院大〕

(6) Global climate change is already affecting the yields of crops like corn much sooner than expected. <u>According to a recent study, farmers have produced less food during the past three decades than they would have done if climate change was not happening.</u> 〔立教大〕

装丁デザイン　ブックデザイン研究所
本文デザイン　A.S.T DESIGN
編集協力　　　エディット

大学入試　ステップアップ　英語重要構文【基礎】

編著者	大学入試問題研究会	発行所　受験研究社
発行者	岡　本　泰　治	
印刷所	ユ　ニ　ッ　ク　ス	©　株式会社　増進堂・受験研究社

〒550-0013 大阪市西区新町2丁目19番15号
注文・不良品などについて：(06)6532-1581(代表)／本の内容について：(06)6532-1586(編集)

大学入試 ステップ アップ
STEP UP ↗

Basic
基礎

英語 **重要構文**

解答・解説

解答・解説

第 1 章　文型を中心とした構文

01 There ＋ be 動詞＋主語　　　　(p. 4)

1 (1) There is only one doctor in this town.
　(2) There was no cloud in the sky.
　(3) How many students are there in your class?
　(4) There's a taxi waiting by the station.
　(5) Is there anything left in the refrigerator?

2 (1) ドアをノックする音がした。
　(2) ニューヨークには見物すべきおもしろいものが
　　 たくさんありますか。
　(3) 箱の中には私たち全員にとって十分な食料はな
　　 かった。
　(4) 私の車はどこかおかしい。
　(5) あまりに多くの情報が広まっている。
　(6) ここにロンドン行きの航空券が 2 枚あります。
　(7) お茶が入ったよ。

02 S ＋ V ＋ O / S ＋ V ＋ IO ＋ DO　　(p. 5)

1 (1) She told me that she would be late.
　(2) The teacher didn't ask me where I was from.
　(3) Let us know whether you can come.
　(4) I don't know who taught him such a difficult
　　 word.
　(5) We all know that no one is perfect.

2 (1) 休暇にイタリアに行かれるそうですね。
　(2) これがだれの車か知っていますか。
　(3) 彼女は私に何か国語しゃべれるかを尋ねた。
　(4) 何年も経っているので彼女は私のことを見分け
　　 られるかしら。
　(5) 私たちはどのサッカーチームがいちばん好きか
　　 話し合った。
　(6) 彼女がなぜ腹を立てたのか私にはわからない。
　(7) その科学技術が私たちに何をもたらすのかだれ
　　 も知らなかった。

解説
(3)(5)(7)時制の一致を受けて従属節も過去形になって
いる。

03 S ＋ V ＋ O ＋ C　　　　　　　(p. 6)

1 (1) I hear someone singing in the next room.
　(2) Did you feel your heart beating wildly?
　(3) She saw the man caught by the police.

　(4) John had his leg broken in the accident.
　(5) I'm sorry I've kept you waiting.

2 (1) この食物は常に冷凍しておかないといけません。
　(2) その少女は自分の頭に何かが当たるのを感じた。
　(3) 台所で何かこげるにおいがしませんか。
　(4) 水を流しっぱなしにしておくことは無駄なこと
　　 だ。
　(5) 私の妹〔姉〕はたくさんの鳥が木の上に集まって
　　 いるのを見ていた。
　(6) 彼は英語で自分の意思を伝えることができな
　　 かった。
　(7) 人ごみの中でかばんを盗まれないように注意し
　　 なくてはいけませんよ。
　(8) 教室でそのニュースが話題にされるのをだれも
　　 聞かなかった。

04 S ＋使役動詞〔知覚動詞〕＋ O ＋原形不定詞 (p. 7)

1 (1) My parents won't let me go to the party.
　(2) She made the children clean up their own
　　 rooms.
　(3) I had my friend take care of my dog while I was
　　 away.
　(4) Your words make me feel happy.
　(5) I heard someone call my name.

解説
(1)(2)ふつう let は本人が望む場合に「～させる」で,
そうでない場合は make を使う。
(3) have には「～させる」と「～してもらう」の意
味がある。

2 (1) あなたは家が揺れるのを感じましたか。
　(2) コーチは彼を私たちのチームに入れた。
　(3) 私の母は私をもっと早く登校させようとした。
　(4) スミス夫人は何でも望みどおりに夫にやっても
　　 らえる。
　(5) 先生は私たちにその詩を暗記させた。
　(6) 私はボーイフレンドが他人の悪口を言うのを聞
　　 きたくない。
　(7) メアリーはお母さんが皿洗いをするのを手伝っ
　　 た。

解説
(4)「夫に何でもさせることができる」→「夫に何で
もやってもらえる」
(5) learn ～ by heart「～を暗記する」
(6) speak ill of ～「～の悪口を言う」

(7) help も後に to のつかない不定詞をとることが多い。

第 2 章　it を使った構文

05 It is ... (for A) to〜　　　　(p. 8)

1 (1) It is good for you to get exercise.
(2) It is not easy for him to finish this work by tomorrow.
(3) It was very kind of you to visit me when I was ill.
(4) It was careless of him to take the wrong bus.
(5) It is better for you not to eat before you go to bed.

2 (1) 異なる文化や生活様式を見ることは興味深い。
(2) 私はもう一度おばのもとを訪ねる必要がありますか。
(3) 人前で話をすることは私にはとてもはずかしいことだ。
(4) その問題を解くことは彼には不可能だった。
(5) 真実を語らないなんて，きみは賢明じゃないよ。
(6) 生活の仕方を変えるのは老人にとって困難である。
(7) 私たちを駅まで車で送ってくれて本当にありがとう。

06 It is〜that(whether, how, who, etc.) (p.9)

1 (1) Is it true that you are going to study in London?
(2) It is a fact that smoking is bad for health.
(3) It is a pity that you can't join us.
(4) It's impossible that she caught the train.
(5) It is certain that the price of gold will go up.

2 (1) あなたが行こうととどまろうと私にとってはどうでもよいことだ。
(2) 携帯電話が私たちの生活を変えたのは，不思議なことではない。
(3) すべての人に事実を全部知らせることが重要である。
(4) こんなにいい映画が長年忘れ去られていたなんて不思議なことだ。
(5) その政治家が約束を守るかどうかは疑わしい。
(6) その事故がなぜ起きたかはまったくなぞである。
(7) だれもあなたを迎えに駅に来てくれなかったとはお気の毒です。

解説
(6) cause「〜を引き起こす」
(7) a pity「気の毒なこと」

07 find it ... to〜(that〜)　　　(p. 10)

1 (1) I think it important to be kind to old people.
(2) I thought it best to say nothing about that to anybody.
(3) I found it easy to answer the question.
(4) We believed it possible that he would be successful.
(5) Did you find it strange that no one else had arrived?

2 (1) 彼は，いろいろと手を尽くして家族を支えることが自分の義務だと感じた。
(2) あなたが仕事をやめる必要はないと私は思う。
(3) 濃霧のために車の運転を続けるのが困難だった。
(4) 人を指さすことを無礼だと考える人もいる。
(5) 私は約束には絶対に遅刻しないことにしている。
(6) あなたが当然私たちといっしょに来るものと思っていた。

解説
(5) 不定詞の否定は to の前に not や never を置く。
appointment「(会合・訪問の)約束」

08 It seems that〜　　　　(p. 11)

1 (1) It seems that we have lost our way.
(2) It is said that there will be an election soon.

2 (1) seems, to, be
(2) seem, have, known　(3) is, said, to
(4) are, said, have

3 (1) もうすぐ嵐になるようだ。
(2) 子どもたちはパーティーを楽しんでいるようだ。
(3) たまたま今日は私の誕生日である。
(4) たまたま私たちはロンドンにいた。
(5) まだその問題を解いた者はいないそうだ。

解説
(2) appear は seem と同じ用法で「〜らしい，〜のようだ」の意味。

09 It takes (A) ... to〜　　　　(p. 12)

1 (1) It took her all afternoon to finish the work.
(2) How long does it take to get to the station on foot?
(3) It took me only three days to read through this book.
(4) It took me five hours to drive there.
(5) It won't cost you so much to join the tour.

2 (1) 医者は 8 時間かかってその手術をした。
(2) この小包をあなたの家に送るには 5 ドルかかる。

(3) 私がその仕事を終えるのに長い時間はかからないだろう。

(4) その数学の問題を解くのに私は 1 時間かかった。

(5) ニューヨークまで飛行機で行くのにいくらかかりましたか。

(6) 車を修理してもらうのに 500 ドルかかった。

(7) 私たちは飛行機に 10 時間乗っていた。

解説

(6) It cost ～ は，cost に三人称単数の s がついていないので時制は過去。

第 3 章　助動詞を中心とした構文

10 have (got) to ～ (p. 13)

1 (1) They had to drive slowly all the way.

(2) My mother has to make our breakfast every morning.

(3) How often do I have to attend his lecture?

(4) You ought not to complain about everything.

(5) As he left at nine, he ought to be at the office by now.

2 (1) すみませんが，もうおいとましなければなりません。

(2) 試験に合格したいなら，きみは一生懸命に勉強しないといけないよ。

(3) そんなに緊張する必要はありませんよ。

(4) その事故のあと，彼は 3 か月間入院しなければならなかった。

(5) 明日は早起きしなければならない。ピクニックに行くからだ。

(6) きみの年頃ではもっと分別があって然るべきだ。

(7) そんなに夜更かしすべきでないよ。

(8) きみは運転中もっと注意すべきだよ。

解説

(5) have got to ＝ have to

(6) know better「分別を備えている」

11 used to ～ (p. 14)

1 (1) He used to go to school by bicycle, but now he takes a bus.

(2) We don't go to plays as often as we used to.

(3) There used to be many workers in this factory, but most of them quitted.

(4) Your shirt is torn; you had better put on another shirt〔put another shirt on〕.

(5) You had better not speak to him now.

2 (1) 以前は実によく釣りに行ったものだが，現在はめったに行かない。

(2) あなたは以前は京都に住んでいましたよね。

(3) 人々は，事態はよくなっているものと以前は信じていた。

(4) むこうのあの土地が，以前は私の家族のものだった。

(5) かつて，地球は平らであると思われていた（ものだ）。

(6) たぶん夕食の準備ができているだろうから急いで帰宅したほうがよい。

(7) もし食事したばかりなら泳がないほうがいい。

(8) まずは事実を確かめたほうがよくないかな。

解説

(5) It は that 以下の内容を受ける仮主語。

(8)〈Hadn't ＋主語＋ better ～?〉で「～したほうがよくはないのか」の意味。

12 may as well ～ (p. 15)

1 (1) You may as well tell me the truth.

(2) We may as well stay where we are.

(3) You may well say so.

(4) Children might as well not see the movie.

(5) You might as well do nothing as watch TV.

解説

(2) where we are「私たちが（今）いる所」

(4) may〔might〕as well not ～「～しないほうがよい」

2 (1) 何もすることがないから，きみは寝たほうがいいよ。

(2) 彼女の言うことは信じないほうがいい。

(3) 彼がチームに加われば，私たちはその試合に勝ったも同然だ。

(4) きみが自分の切手のコレクションを誇るのももっともだ。

(5) 彼が怒るのも無理はないと思うよ。

(6) トムに金を貸すのは海に金を投げ捨てるようなものだ。

(7) 雨の中出かけるくらいならひとりで家にいるほうがましだ。

13 must have ＋過去分詞 (p. 16)

1 (1) must, have, made

(2) must, have, been

(3) may〔might〕, have, rained

(4) cannot〔can't〕, have, heard

(5) should, have, told

2 (1) must (2) needn't (3) should

(4) may (5) can't

3 (1) 彼は夕食をたくさん食べた。彼は腹ぺこだったに違いない。

(2) 彼はまだ帰ってこない。彼は事故に遭ったのかもしれない。

(3) その男性があなたの財布を盗んだはずはない。彼はそこにいなかったのだから。

(4) 結局雨は降らなかった。だから傘を持ってくる必要はなかった。

(5) その計画について私たちはもっと慎重になるべきだった。

第4章 完了形・受動態を使った構文

14 have never ＋過去分詞 (p. 17)

1 (1) Have you ever ridden a horse?

(2) My brother has not taken a bath yet.

(3) I've been waiting for my turn since six o'clock.

(4) How long has it been snowing?

(5) When we arrived at the stadium, the game had already started.

【解説】
現在完了は基準が現在にあって，現在の状態を含んだ内容を表す。過去完了は基準が過去にあって，その時点までの状態を表すことに注意する。

2 (1) 宿題を終えてから出かけていいですよ。

(2) その映画は何度も見たことがあるが，もう一度見たい。

(3) その弁護士とはいつからの知り合いですか。

(4) 彼女はフランスに行ってしまったので，私たちはしばらく彼女に会えない。

(5) 私がこの国に来てから3週間になる。

(6) 私たちは何年も会っていなかったが，お互いすぐに相手がわかった。

(7) それまで外国に行ったことがなかったから，すべてが私には珍しく思えた。

【解説】
(1)(4)は完了・結果，(2)(7)は経験，(3)(5)(6)は継続の用法。

15 can〔must，will〕be ＋過去分詞 (p. 18)

1 (1) I was spoken to by a foreigner in the bus.

(2) His novels became known all over the world.

(3) Will the work be finished by tomorrow?

(4) This letter has to be sent right away.

(5) My brother has never been beaten at tennis.

【解説】
(4) right away「すぐに」

(5) beat「(相手を)打ち負かす」

2 (1) 卵の殻は割れやすい。

(2) その庭は花でいっぱいだった。

(3) この大雨で試合は中止になるだろう。

(4) あの机は木製に違いない。

(5) 彼はサッカーをしていてけがをした。

(6) その赤ん坊は祖父(の名)にちなんでリチャードと名づけられた。

(7) その問題は明日，会議で論議されるだろう。

(8) この俳優は長い間多くの人々に愛されている。

【解説】
(2) be filled with ～「～でいっぱいである」

(3) cancel「～を中止する」 (5) injure「～を傷つける」

(6) name A B after ～「～にちなんでAをBと名づける」

第5章 不定詞を使った構文

16 ask A to ～ (p. 19)

1 (1) My mother told me to keep the room clean.

(2) I'd like you to come and see me.

(3) I don't like you to lie to me.

(4) Do you believe him to be honest?

(5) She asked me not to use her computer.

【解説】
目的語が to 不定詞の意味上の主語となっていることに注意する。

2 (1) asked, me, to, wait

(2) told, us, to, keep

(3) told, us, not〔never〕, to

【解説】
命令文の直接話法を間接話法に書き換える問題である。(1) please があるときは ask（～するように頼む）を使うこと。

3 (1) 医者は彼にもっと運動するようにと忠告した。

(2) その芸術家は，彼の絵に手を触れないようにと私たちに要求した。

(3) あなたには私の言ったことをそういう意味に取ってほしくない。

(4) このお金であなたは旅行に行くことができるでしょう。

(5) 彼はもう一度挑戦するようにと私を励ましてくれた。

17 what to ～ (p. 20)

1 (1) which, to

(2) how, to, drive

(3) who(m), to, invite (4) where, to, go

(5) when, to, visit

2 (1) who(m), to, ask (2) how, to, open

(3) which, dress, to (4) when, to, begin

(2) safe「金庫」

3 (1) 彼女は私に本を２冊貸してくれたが、どちらを先に読んだらいいか私にはわからない。
(2) 市役所にはどのように行けばいいか教えてくれますか。
(3) いつその機械を止めたらよいか私に教えてくれますか。
(4) 次に何の本を読むか（もう）決めましたか。
(5) どうやって目標を達成するのかが彼らにとって重要だった。

18 名詞＋ to ～ (p. 21)

1 (1) Who was the first man to walk on the moon?
(2) I have no box to carry the books in.
(3) There is nothing to worry about.
(4) I had no time to take breakfast.
(5) Here are some questions for you to answer.

解説

(1) the first man は不定詞の意味上の主語。
(5) for you は不定詞の意味上の主語で、不定詞の直前に置く。you answer some questions の関係が成り立つ。

2 (1) to, depend, upon (2) to, interest
(3) to, read

3 (1) その件については何も言うことがない。
(2) 私たちは駅に行くのにタクシーが必要だった。
(3) 急ぎなさい。私たちには無駄にする時間はほとんどない。
(4) 私は彼に会う機会がなかった。
(5) 彼はケーキを切るナイフを持ってきた。
(6) ジョンは決してうそをつかない（人だ）。

解説

(3) time は waste の目的語の働きをしている。
(6) the last person to ～「決して～しない（人）」

19 ... enough to ～ (p. 22)

1 (1) John is strong enough to carry two suitcases.
(2) I've come too far to walk back home.
(3) Do you have enough money to buy the shirt?
(4) I took a taxi in order to be in time for work.
(5) We hurried so as not to miss the bus.

解説

(2)「あまりに遠くに来てしまったので歩いて帰宅できない。」

2 (1) so, easy, that (2) so, hard, cannot〔can't〕
(3) so, that, not

解説

(1) so ～ that ...「非常に～なので…」（程度・結果）
(3) so that S′ may〔might〕～「S′ が～するために」（目的）

3 (1) 彼は生活するのに十分な金を稼いでいない。
(2) その窓は汚れていて私たちはむこう側が見えなかった。
(3) 彼は貧乏であるが、自尊心が強くて援助を求めることができない。
(4) 彼の言葉を忘れないようにメモを取るべきだよ。
(5) 時間を無駄にしないために急ごう。

解説

(1) live on ～「～で暮らしをたてる」、money to live on「生活するための金」

20 *be* ready to ～ (p. 23)

1 (1) He is quick to make up his mind.
(2) You are free to do what you like.
(3) Are you ready to leave?
(4) We are sure to win the game.
(5) I'm happy to see you again.

解説

(1) make up *one's* mind「決心する」
(2) what you like「あなたの好きなこと」

2 (1) 私の息子はきっと夢を叶えるでしょう。
(2) 少年は怖くてその犬に近づくことができなかった。
(3) 私の上司はとても神経質なので、いっしょに働きにくい。
(4) メアリーはジョンを彼女の両親に紹介したがっている。
(5) 私は喜んであなたにお金をお貸しします。
(6) 夕方には雨になりそうだ。
(7) 私はあなたの質問にお答えできません。

解説

(2) *be* afraid to ～「怖くて～できない」

21 to be honest (p. 24)

1 (1) To, tell
(2) To, be, sure (3) To, begin, with
(4) Needless, to, say (5) so, to, speak

2 (1) 不思議なことに、あなたとまったく同じことを考えていました。
(2) 確かに彼は賢い人だが、あまりやさしくない。
(3) 今日、ジョンに会ったが、彼は無礼とは言わないまでも、とても愛想が悪かった。
(4) 率直に言って、このドレスはきみには似合わないよ。

(5) 要するに，あなたは私と同じ意見ではないんですよね。

(6) 正直に言えば，私はきみが間違っていると思う。

(7) 私の先生は，英語はもちろん，フランス語も話せる。

(8) 私たちは道に迷った。さらに悪いことには，雨が降りだした。

第6章　分詞を使った構文

22 spend ... ～ing　　　　　(p. 25)

1 (1) She spent a long time persuading him.

(2) They had difficulty finding their new house.

(3) I have been busy studying for the exams this week.

(4) The children came running to meet us.

(5) He sat on the sofa reading the book.

2 (1) 小鳥たちが私の部屋の窓辺へピョンピョンと跳ねてやって来た。

(2) 彼は芝生の上に寝ころんで日光浴を楽しんでいた。

(3) 私は新しい仕事を得るのに苦労している。

(4) 私たちはその夜の大半を，私たちの休暇の話をして過ごした。

(5) 彼は読書や音楽鑑賞をして静かな1日を過ごした。

(6) 地元の人たちとうまくやるのはとても大変だった。

(7) 母は今，朝食の用意で忙しい。

(8) 私は朝食の前に公園へジョギングをしに行く。

解説

(1) come ～ing「～しながらやって来る」

(8) go ～ing「～をしに行く」

23 分詞構文　　　　　(p. 26)

1 (1) Walking　(2) He, coming

(3) Seeing　(4) Written　(5) Not〔Never〕, knowing

(6) leaving

2 (1) 何もすることがないなら，彼女を手伝うべきだよ。

(2) 雨が降ってきたので，試合は中止になった。

(3) どうしたらよいかわからなくて，私は警察に電話した。

(4) 遠くから見ると，その岩はライオンに似ている。

(5) お宅のに比べれば，私の家の庭は狭い。

(6) 一般的に言って，女性は男性より長生きする。

解説

(2)独立分詞構文

(5)分詞構文は常に文頭にあるとはかぎらない。文の途中や文の後半に来る場合もある。

第7章　動名詞を使った構文

24 Would you mind ～ing?　　　　　(p. 27)

1 (1) going　(2) not sitting

(3) to lock　(4) doing　(5) putting

解説

(3)(5)目的語が動名詞の場合は過去志向（すでに起こったこと），不定詞の場合は未来志向の性質をもつ。

2 (1) 医者は彼に飲酒をやめるよう忠告した。

(2) 私はその男性に以前会ったことを覚えていない。

(3) 忘れずに夕食後，この薬をのみなさい。

(4) 私はこの博物館に来たことを決して忘れない。

(5) 寒いよ。忘れずにコートを着なさい。

(6) 私は逆立ちをしてみたが，頭が痛くなった。

(7) 彼らは物音を立てないようにした。

(8) 雨がやむまで家の中にいよう。

(9) 彼らは立ち止まって私たちに別れを告げた。

解説

(2)(3) remember ～ing「したのを覚えている」，
remember to ～「忘れずに～する」

(4)(5) forget ～ing「～したのを忘れる」，
forget to ～「～するのを忘れる」

(6)(7) try ～ing「試しに～してみる」，
try to ～「～しようとする」

(8)(9) stop ～ing「～するのをやめる」，
stop to ～「立ち止まって～する」→ この to 不定詞は stop の目的語ではなく，副詞的用法（「～するために」）である。

25 *be* worth ～ing　　　　　(p. 28)

1 (1) The museum is worth visiting.

(2) There is no knowing whether he is good at tennis.

(3) We couldn't help laughing at his jokes.

(4) Don't you feel like having something cold to drink?

(5) On arriving at the station, he called his father.

2 (1) その知らせを聞いたとたんに彼女は喜んで跳び上がった。

(2) こぼれたミルクを嘆いても無駄である。〔覆水盆に返らず。〕

(3) 私は自分の間違いを認めざるを得ない。

(4) 次に何が起こるか予想もつかない。

(5) 髪を切ったほうがいいよ。

(6) 彼女はとても気が動転していたので，大声を出さず〔大声で泣かず〕にはいられなかった。

(7) あなたが深刻なトラブルに巻き込まれる可能性はほとんどない。

解説

(7)所有格 your は動名詞 getting の意味上の主語。代名詞の場合は目的格も使えるので，There is little chance of you getting ～ としてもよい。

26 be used to ～ing　　　　(p. 29)

1 (1) I am not interested in seeing that type of movie.
(2) I've got used to being alone.
(3) Jane is tired of doing the housework by herself.
(4) She insists on doing everything herself.
(5) I am looking forward to seeing you at Christmas.

解説

(3) be tired of ～「～に飽きる」
(4) insist on ～「～を主張する」

2 (1) 彼女は暗くなってから外出するのが怖い。
(2) うちの犬は私の言葉を理解できる。
(3) 彼は振り返らずに歩き去った。
(4) 注意して運転すれば事故は避けられます。
(5) 出発が遅かったにもかかわらず，彼は十分間に合って到着した。
(6) テレビを見ないで勉強しなさい。
(7) きみ（たち）は学校に一度も遅刻したことがないことを誇りに思っていい。

解説

(7)経験を表す完了形の動名詞。また，動名詞を否定形にするときは，直前に not や never などの否定語をつける。

第8章　名詞を中心とした構文
27 無生物主語構文　　　　(p. 30)

1 (1) The rain will make the grass grow.
(2) Her age doesn't allow her to enter the contest.
(3) This bus will take you to the library.
(4) What caused the plants to die?
(5) His efforts led him to be successful.

2 (1) 交通渋滞で彼は仕事に遅れた。
(2) 支援の手紙で市長は勇気づけられ，再び選挙に出馬した。
(3) 悪天候のため私たちはピクニックへ行けなかった。
(4) ぐっすり寝たら元気が出た。
(5) これらの写真を見ると私はいつも楽しかった学生時代を思い出す。

(6) あの掲示に何と書いてありますか。—「駐車禁止」と書いてあります。

28 have〔take〕a ＋動作名詞　　　(p. 31)

1 (1) Why don't you take a rest for a while?
(2) She gave no answer to his questions.
(3) He made the best use of the opportunity.
(4) I'll pay you a visit next week.
(5) We took a short walk on the beach.

解説

(1) Why don't you ～?「～してはどうですか」
(3) make the best use of ～「～を最大限利用する」

2 (1) 彼はその書類にざっと目を通した。
(2) 今日の午後は歯医者に行かなければならない。
(3) 男の子たちは彼らの父親を見たとき歓声をあげた。
(4) このパイ，とてもおいしそう！　ひと口食べてもいいですか。
(5) 私たちはロンドンに行くことについて長い間話をした。
(6) アンディは日本語がめきめき上達している。
(7) 私たちは間違った決断をしないように慎重にならなくてはいけない。

29 A's ＋動作名詞 / 動作名詞＋ of A (p. 32)

1 (1) he,　discovered
(2) spoke,　English　(3) snowed,　heavily

解説

(3)「大雪のせいで」→「雪が激しく降ったせいで」

2 (1) 私は映画に興味があることをだれにも話したことがない。
(2) （私は）あなたがその病気からすぐに回復することを願っています。
(3) グラハム・ベルは，（彼が）電話を発明したことで知られている。
(4) 繰り返し欠勤したせいで，マイクは解雇された。
(5) 多くの人は，ほかの惑星に生命体が存在することを信じているようだ。
(6) キャッシュレス決済は，スマートフォンが広く使われたことで急速な発展を遂げた〔急速に発展した〕。
(7) 文化が多様であれば，あらゆる面で社会はもっと強くなる。

解説

(6) wide usage of A「A の広範な使用」→「A が広く使われること」 = A is widely used

(7) cultural diversity「文化の多様性」→「文化が多様であること」= culture is〔cultures are〕diverse「さまざまな文化が共存していること」などと訳してもよい。

第9章　副詞(句)・前置詞(句)を使った構文

30 to *one's* surprise (p. 33)

1 (1) To, her, disappointment
(2) Strangely　(3) In, spite, of

2 (1) To his mother's joy, he won the first prize.
(2) He had an accident owing to his careless driving.
(3) According to the weather forecast, it will be fine tomorrow.
(4) Thanks to the doctor, I'm well again now.

解説
(1)「彼の母親が喜んだことには」
(2) owing to ～「～のせいで」
(3) according to ～「～によれば」
(4) thanks to ～「～のおかげで」

3 (1) その試合は雨のため中止になった。
(2) 私たちはひどい交通渋滞のため遅刻した。
(3) もしかしたら、彼は今頃、私たちを探しているかもしれない。
(4) 残念ながら、事態はいっそう悪化した。
(5) みんながびっくりしたことには、彼の計画が成功した。

解説
(1) call off「～を中止する」
(2) on account of ～「～のために」
(4) go from bad to worse「いっそう悪くなる」
(5) 所有格のかわりに〈to the ＋感情を表す名詞 ＋ of ＋ 人〉で表すこともできる。

31 付帯状況の with (p. 34)

1 (1) He came downstairs with his coat over his arm.
(2) Tom stood there with his hands in his pockets.
(3) Please imagine with your eyes closed.
(4) I waited for him with my heart beating.
(5) Jean sat with her legs crossed on the chair.

2 (1) 彼は背中をドアにもたせかけて立っていた。
(2) 彼は顔の上に新聞を広げて眠ってしまった。
(3) その男は頭を働かせて脱出方法を見つけようとした。
(4) 私は昨夜、窓を少し開けて寝た。
(5) うちの猫がおもちゃを口にくわえて走り去った。
(6) 彼は足をけがした状態で試合に参加した。
(7) 彼は電気を消したまま暗がりで座っていた。

32 thank ～ for ... (p. 35)

1 (1) on　(2) with　(3) for　(4) in
(5) on　(6) into　(7) against

解説
それぞれ(1)目的、(2)道具、(3)理由、(4)時、(5)接触、(6)変化、(7)立場を表す。

2 (1) 彼は(いとも)簡単に塀を跳び越えた。
(2) 母は紅茶は好きだがコーヒーは好きではない。
(3) 警察はその事故を再度調べることにした。
(4) このお金を何に使うつもりですか。
(5) 切符〔チケット〕を忘れてごめんね。
(6) 私はパリのおじ宅に3泊した。
(7) ジョンのほかにだれか来るでしょうか。

解説
(1) with ease = easily 同じ用法のものに with care = carefully がある。
(2) care for ～「～を好む」
(3) look into ～「～を調べる」
(6) 〈stay with ＋人〉「(人)の所に泊まる」
(7) besides ～は「～のほかに」、beside ～は「～のそばに」。

第10章　接続詞を使った構文

33 so〔such〕～ that ... (p. 36)

1 (1) She looked so tired that we couldn't talk to her.
(2) The scientist is so clever that it was easy for him to solve the problem.
(3) He was such a good runner that I couldn't catch him.
(4) America is such a big country that it has several time zones.
(5) Speak loudly so that I can hear you.

2 (1) so, that, cannot〔can't〕　(2) so, could
(3) so, that, might〔would〕

3 (1) 彼女はとても急いでいたので、上着を忘れた。
(2) この食べ物はとても塩辛いので、私には食べられない。
(3) 彼女にはお金がたくさんあるので、ほしいものは何でも買うことができる。
(4) 彼はとても遅く起きたので、バスに遅れてしまった。
(5) きみはみんなに信頼してもらえるように誠実であるべきだ。
(6) 帰宅が遅くならないように私たちは早く出発することに決めた。

解説

(1) *be* in a hurry「急いでいる」

(2) that が省略されている。

(3) whatever she wants「彼女がほしいものは何でも」

34 either A or B　　　(p. 37)

1 (1) My father neither smokes nor drinks.

(2) She is not only fun but also very wise.

(3) I am learning French as well as English.

(4) He is either in London or in Paris.

解説

either A or B, neither A nor B のAとBには語と語, 句と句のように文法的に同じものがくる。(1)は動詞, (4)は副詞句。

2 (1) Neither, nor　(2) I, they

解説

(2) They as well as I ... であれば, 動詞は are となる。

3 (1) 私はニューヨークだけでなくロンドンにも住んだことがある。

(2) 彼は自分自身のためではなく家族のために一生懸命働いている。

(3) 彼か彼の両親のどちらかが私の到着を待っていてくれる予定だ。

(4) 彼は作家であるばかりか, 役者でもあった。

(5) 少年は2人ともその試験に合格しなかった。

解説

(2) not only A but B と混同しないように注意する。

(5) neither of 〜「(2つ[2人]の)〜のうちのどちらも…ない」

35 as〔so〕long as 〜　　　(p. 38)

1 (1) as〔so〕, far, as

(2) as〔so〕, long, as

(3) As, soon, as

(4) Hardly〔Scarcely〕, when〔before〕

(5) sooner, than

解説

(4)〈Hardly〔Scarcely〕had＋主語＋過去分詞＋when〔before〕〉のように, hardly や scarcely が文頭に置かれると, 次には倒置形がくる。またこの構文では主に過去完了形が使われる。

2 (1) すぐに返してくれるのなら, ぼくの自転車を使ってもいいよ。

(2) 品質に関するかぎりでは, これらの製品は申し分ない。

(3) 私が見たかぎりでは, 部屋にはだれもいなかった。

(4) 予定が決まり次第お知らせします。

(5) 彼女は私に会うなり不満を言いだした。

(6) 試合が始まったとたんに, 雨が降りだした。

(7) 彼は休暇を取ったとたんに病気になった。

解説

(6)(7)は **1** (4)と同じく倒置の形になっている。

36 同格を表す that　　　(p. 39)

1 (1) They were thrilled with my suggestion that we go together.

(2) We must seriously contemplate the possibility that the data is incorrect.

(3) She seems to have no anxiety that she is out of place.

(4) I agree with your view that some strong actions are needed.

(5) There is no doubt that I had a lot of luck in my life.

2 (1) きみ(たち)が来月結婚するといううわさがある。

(2) 私は, 彼女が英語をまったく話さないという事実に耳を疑った。

(3) 地球が平らだという考えは昔, 真実とみなされていた。

(4) ジョージには新しい仕事で成功する(という)絶対的な自信があった。

(5) 私たちは, 日本がアジアの中で最も住みやすい場所のひとつだという結論に達した。

(6) エミリーは悲しんでいる(という)素振りをまったく見せずに明るく振る舞った。

解説

(3) consider A as B「A を B とみなす」が受動態になっている。

(5) come to a conclusion「結論に達する」

(6) try to look happy「楽しそうに見えるように努める, 明るく振る舞う」

第 11 章　比較を表す構文

37 as 〜 as possible　　　(p. 40)

1 (1) I spent as little money as possible in Paris.

(2) My desk is twice as large as this one.

(3) Your house is not so near as I thought.

(4) This house is the same size as that one.

解説

(4) the same size as 〜「〜と同じ大きさ」

2 (1) more, than　(2) as, long, as

(3) we, could

（3）こんなおもしろい小説を私はいまだかつて読んだことがない。

（4）アラスカはアメリカのほかのどの州よりも大きい。

（5）田舎で静かに1日過ごすことほど彼を喜ばせるものはない。

解説

（3）I have never read such an interesting novel as this. と同意の表現。

解説

（2）the same length as～「～と同じ長さ」

3 （1）私たちが予想した3倍の訪問客があった。
　　（2）彼女には自分の年齢の半分の年齢の友人がいた。
　　（3）乗馬は自転車に乗ることほど簡単ではない。
　　（4）彼は以前走れたほど速くは走れない。

解説

（4）as ～ as の前後で時制が異なることから，現在と過去の状況を比較していることがわかる。

38 The ＋比較級, the ＋比較級　　（p. 41）

1 （1）longer, more
　　（2）more, better　（3）faster, faster
　　（4）the, for　（5）more, more　（6）the, taller

解説

（4）根拠の部分に名詞が続く場合は for，節が続く場合は because を用いる。

（6）2者の比較は〈the ＋比較級〉を用いる。

2 （1）食べれば食べるほど，（あなたは）太りますよ。
　　（2）庭が狭ければ狭いほど手入れが楽だ。
　　（3）お金を使えば使うほど貯金ができなくなる。
　　（4）きみが作ったからこそよけいにこのケーキを食べたいんだよ。
　　（5）祖父はますます忘れっぽくなってきている。
　　（6）人々はますます近所の人と交流したがらなくなってきている。
　　（7）2人の兄弟のうち，ジョンのほうが頼りになる。
　　（8）暗くなるにつれてますます寒くなってきた。

39 比較級＋ than any other ～　　（p. 42）

1 （1）Hydrogen is lighter than any other element.
　　（2）Tom works harder than anybody else in our class.
　　（3）There is nothing more valuable than time.
　　（4）No other mountain in Japan is higher than Mt. Fuji.
　　（5）Nobody knows you better than your mother.
　　（6）He is as great a singer as ever lived.

解説

（1）（4）any other や no other の次にくる名詞は必ず単数形である。

（6）「彼はかつてないほど偉大な歌手だ。」

2 （1）Nothing, more　（2）more, any, other
　　（3）No, other, taller

3 （1）彼らは，ほかの何よりも平和を望んでいる。
　　（2）村の中でジャックほどとても一生懸命に働く男はいない。

40 no more ～ than ...　　（p. 43）

1 （1）no, more, than
　　（2）no, less, than　（3）no, less
　　（4）no, more, than　（5）less, popular

2 （1）私は彼と同様にそのことについて知らない。
　　（2）彼は医者というよりむしろ小説家である。
　　（3）その事故で乗客全員が多かれ少なかれ負傷した。
　　（4）イルカは犬に劣らず賢い動物である。
　　（5）パソコンは20年前に比べると安くなっている。
　　（6）彼女は朝食にパン1枚しか食べなかった。
　　（7）彼の本は理解しにくい，まして彼の講義はなおさらのことだ。
　　（8）私はスペイン語は話せない。ましてやギリシャ語なんてなおさら無理だ。

解説

（3）more or less「多かれ少なかれ」 *cf.* sooner or later「遅かれ早かれ」

（5）less expensive than ～「～ほど高くない」less がつくと，「より～でない」のように否定の意味になる。

第12章　否定・譲歩を表す構文
41 not ～ all〔every〕　　（p. 44）

1 （1）not, always　（2）Not, all
　　（3）at, all　（4）Few　（5）little

2 （1）そのようなことは毎日起こるとはかぎらない。
　　（2）すべての食べ物が体にいいわけではない。
　　（3）彼はどんな種類の音楽も聴かない。
　　（4）大きな人が（必ずしも）強いとはかぎらない。
　　（5）私たちの多くが挑戦したが，成功した人はほとんどいなかった。
　　（6）私は人生のかなりの年月をそこで過ごした。
　　（7）私の家族はだれも車の運転ができない。
　　（8）コーヒーとビールを両方ともは飲まないほうがいいよ。

解説

（4）not necessarily ～「必ずしも～とはかぎらない」

（6）quite a few「かなり多数の」

42 never(not) ... without ～ing　(p. 45)

1 (1) I never think of Ellie without remembering her innocent smile.
(2) You can't be too careful of your health.
(3) The result was anything but satisfactory.
(4) He never fails to read a book before going to bed.
(5) She is the last person to break her word.

2 (1) この映画を見れば，あなたは必ず大笑いしますよ。
(2) あの女の子は，ほかでもない私の娘です。
(3) 家に着いたら必ず私に電話してください。
(4) 彼の成功は，いくらたたえてもたたえきれない。
(5) トムは決して臆病者ではない。
(6) 彼らが結婚したところで私は決して驚かない。

43 no matter how ～　(p. 46)

1 (1) No, matter, what
(2) no, matter, when　(3) wherever
(4) Whoever　(5) However
(6) No, matter, how

2 (1) 何度やってみても，答えが見つからなかった。
(2) たとえどんな事が起ころうとも，私はそれでもきみ(たち)を信頼する。
(3) だれが語ろうとも，私はその話を信じない。
(4) どっちが勝っても私は満足だ。
(5) 私たちは何度失敗しても決してあきらめないつもりだ。
(6) どんなことが起ころうとも，決心を変えてはいけません。
(7) いつおいでになっても歓迎します。
(8) どんなに長く時間がかかろうとも，私はこの計画をやりとげるつもりだ。

解説
whatever や whoever は名詞節を導く複合関係代名詞として使うことも多い。*e.g.* You can do *whatever* you like.（あなたはしたいことは何でもしてもいいよ。）I'll take *whoever* wants to go.（行きたい人はだれでも連れて行ってあげよう。）

第 13 章　関係詞を使った構文
44 関係代名詞・関係副詞　(p. 47)

1 (1) who　(2) which　(3) that(who)
(4) who(m)(that)　(5) where　(6) why
(7) when　(8) how　(9) which　(10) why

解説
(1)(2)(　)の前にコンマがあるので that は使えない。
(3)先行詞が最上級などで修飾されている場合は，関係代名詞は that を使うことが多い。
(9)前置詞 in があるので，関係副詞ではなく関係代名詞が入る。
(10) This is why ～「こういうわけで～」

2 (1) トムは 1 日中運転し続けているので，とてもくたびれています。
(2) 彼はジャンクフードを食べるようになり，そのせいで体重が増えた。
(3) 私が話しかけた女の子はスペイン出身だ。
(4) 昨日，私は公園を走っていたんだけど，そこできみのお父さんに会ったよ。
(5) あなたがここにいるべき理由はありません。
(6) おいを見ていると，私が幼い少年だった頃を思い出す。
(7) 彼は新しいカメラを買ったのだが，有り金すべてをそれにつぎ込んだ。
(8) 過去にした経験が，(あなたの)決断のしかたに影響を及ぼすことがある。

解説
(2) which の先行詞は特定の語ではなく，前の文全体の内容を受けている。言い換えると and it と同じである。
(3) girl の後ろに目的格の関係代名詞 who(m)(that)が省略されている。
(4)関係副詞の継続用法。

45 what を使ったいろいろな表現　(p. 48)

1 (1) Did you see what he gave me for my birthday?
(2) What I need is a good sleep.
(3) Our relationship is quite different from what it used to be.
(4) Air is to us what water is to fish.
(5) I don't have much interest in what is called classical music.

解説
(3) what S′ used to be「S′ のかつての状態」
(4) A is to B what C is to D.「A の B に対する関係は C の D に対する関係と同じである」

2 (1) 本当に重要なのはあなた(たち)の努力です。
(2) 私は今あなた(たち)がおっしゃったことには賛成しません。
(3) この料理はおいしくておまけに体にもよい。
(4) 歌ったり冗談を言ったりして，時間がすぐにたってしまった。

(5) 辺りが暗くなり，さらに悪いことには，雨が降りだした。

(6) 今の私があるのは両親のおかげです。

解説

(4) what with A and B「AやらBで」

46 複合関係詞 (p. 49)

1 (1) Whoever broke the window must pay for it.

(2) You can do whatever you like.

(3) Please come whenever it is convenient for you.

(4) Nora takes pictures and posts them on SNS wherever she goes.

(5) I'll give you whichever hat you like.

2 (1) 悪いことをする人はだれでも最後には罰せられる。

(2) 私たちは進んで一生懸命に働いてくれる人ならだれでも雇う。

(3) 彼女は会う人だれとでも仲よくなれる。

(4) 彼はしたいと思うことは何でもする。

(5) 彼からどんな情報を得ても，決して真に受けてはいけない。

(6) あなたの準備ができたらいつでも私たちは出発できます〔始められます〕。

(7) 彼女に会うといつでも，彼女は自分の娘のことを話す。

(8) どこでも行きたい所に，乗せていき〔車で連れていき〕ますよ。

第 14 章　仮定法を使った構文
47 仮定法過去 (p. 50)

1 (1) were〔was〕, wouldn't

(2) Without, would (3) wish, could

(4) as, if〔though〕, were〔was〕

解説

(2) without ～「～がなければ」*cf.* with ～「～があれば」

2 (1) were〔was〕, could (2) wish, could

(3) could, had

3 (1) 現実の世界で竜を見たら，人〔あなた〕はびっくりするでしょう。

(2) この世界にもっとたくさんきみのような人がいればいいのに。

(3) 不安になった少女には，夜がいつまでも終わらないように思えた。

(4) あなたが私の立場にあればどうしますか。

(5) もし水がなかったら，植物はひとつも育つことができないだろう。

解説

(3) 仮定法は時制の一致を受けないので，seemed が seems や will seem に変化しても would（never）end は影響を受けない。

(5) If it were not for ～（= But for ～ / Without ～）「もし～がなかったら」（慣用表現）

48 仮定法過去完了 (p. 51)

1 (1) had, had, have, bought

(2) have, been, had, wasted

(3) had, been (4) had, lost

2 (1) had, hurried, have

(2) had, watched

(3) would〔could〕, have, finished, without

3 (1) もし私が答えを知っていたら，あなたに教えていたでしょうに。

(2) もっと努力していれば，きみは成功していたかもしれないのに。

(3) もしあなたの支援がなかったら，私は医者になっていなかっただろう。

(4) あのとききみの申し出を断らなかったらなあ。

(5) 彼はその事故についてまるで自分自身がその場にいたかのように語った。

解説

(2) 主語に仮定の意味が込められている。

(3) If it had not been for ～「もし～が（そのとき）なかったなら」（慣用表現）

第 15 章　強調・倒置構文
49 強調構文 It is ～ that ... (p. 52)

1 (1) It's this book that I want you to read.

(2) What on earth are you doing?

(3) Who was it that told you he was coming?

(4) I do know my situation.

解説

(3) 疑問詞 who を強調した強調構文の疑問文である。

2 (1) It was my sister, not my mother that you saw there.

(2) It was by chance that I heard the news.

(3) It was you that〔who〕 taught me how to enjoy my life.

3 (1) そのパーティーが行われたのは，土曜日の夕方のことだった。

(2) 多くの人がその事件をまさに目撃した。

(3) 昨日になって初めて，私たちは真実を知った。

(4) 電話に出てあなたと話したのは私ではなくて妹〔姉〕でした。

解説

(1)(4) It was と that〔who〕を取り除いて考えてみるとよい。

(3) It is〔was〕not until ... that ～「…になって初めて～する〔した〕」 *e.g. It is not until* we lose our health *that* we know its value. （病気になって初めて私たちは健康のありがたさがわかる。）

50 So + be 動詞〔助動詞〕＋主語　(p. 53)

1 (1) so, does　(2) So, did
(3) Neither〔Nor〕, did　(4) so, am　(5) ran
(6) have, been

2 (1) ルーシーはとても賢いし，彼女の妹〔姉〕も賢い。
(2) 私の夫はホラー映画がまったく好きではなく，私もそうだ。
(3) ジョンは法を犯すつもりは決してなかったし，人をだますつもりもなかった。
(4) 翌日も島巡りのバスツアーは続いたが，雨も降り続いた。
(5) あなたが行かないのなら，私も行きません。
(6) 丘のてっぺんに教会が立っている。
(7) 彼が俳優になるなんて想像もしなかった。

解説

(3) nor のあとは，倒置によって疑問文の語順（did he intend ～）になっている。

(7) little は否定を表す副詞。imagine や know, think など思考を表す動詞とともに用いて「少しも～ない」の意味。

まとめテスト　(pp. 54-55)

1 (1) I suppose there should be a way to save his project.
(2) It might take you months to realize the importance of this project.
(3) Parents should be aware of what is happening in their children's lives.
(4) Having a good backup plan can help you recover quickly from mistakes.
(5) My home town is not what it was ten years ago.
(6) We never meet without being reminded of him.
(7) Can it be true that he was found guilty?
(8) Nothing could be further from true democracy than that.
(9) His money enabled us to travel as much as we wanted.

(10) We should do it no matter how strongly some are against the plan.
(11) This is a problem many mathematicians have tried to find the answer to.
(12) We need to check whether the statements are true or not in order not to spread false information.

解説

(5) 「過去の S」は, what S was〔were, used to〕で表す。

(6) 複数主語のとき，meet は自動詞として用いることができる。being reminded は受動態の動名詞。*be* reminded of ～「～を思い出す」

(7) that 節の中は，find O C「O を C と判決〔認定〕する」の受動態。

(11) many mathematicians have tried to find the answer to a problem の a problem が先行詞として前に出て，あとに前置詞 to が残る形になっている。

2 (1) 私はその国〔インド〕について，あまりに第三者の視点から書きすぎていたように感じた。
(2) それ〔科学〕は私たちに非常に歴史が長くて巨大な宇宙を明らかにしているので，人間の諸事は一見するとほとんど取るに足らないことのように思える。
(3) 私たちは，言語がどのようにして始まったかわからないのと同じで，芸術がどのようにして始まったのかはわからない。
(4) 移民は将来的にも避けられないことから，世界中で移民の状況を改善するために継続的な努力が重要だ。
(5) 昼食の時間までに過度に空腹になる可能性がより高く，より多くのカロリーを摂取し，おそらくより健康的ではないものを食べてしまうことになる。
(6) 最近の調査によれば，農業従事者たちが生産する食糧生産高は過去 30 年間, 気候変動が起こっていなければ生産したであろう量よりも減っている。

解説

(2) of little consequence で「ほとんど取るに足らない」 この consequence は「重要性，重大さ」という意味。〈of ＋抽象名詞〉＝形容詞。

(3) not ... any more than ～「～でないと同じように…でない」「…でないのは～でないのと同じ」

(5) *be* likely to ～「～する可能性が高い」 cause O to ～「（主語のせいで）O が～する」

(6) produced の反復を避けて done が用いられている。would have done = would have produced